逆説のスタートアップ思考

馬田隆明

東京大学 FoundX ディレクター

578

中公新書ラクレ

はじめに

休日にパジャマのまま、ベッドに寝転びながらAndroidのスマートフォンでFacebookをぼんやり眺めていたとします。すると、友人が旅行先の風景写真をInstagramで加工して投稿していて、その写真を見ているうちに、なんだか自分も旅行に行きたくなってきました。

そこで高校時代の友達をLINEで誘って行き先の相談をしながら、候補地をGoogleで検索します。旅行先が決まってさっそくSkyscannerのアプリを起動してみると、航空機のチケットを格安で確保することができました。その後、Airbnbで安くてアクセスのよい宿を見つけて予約したところ、宿のホストの人たちの評判もよく、優しそうで旅行への期待が高まります。さらに詳細な計画を立てるため、今度はAmazonでガイドブックを注文し、Kindleにダウンロードして電子書籍をベッドの上でそのまま読み始めて……。

以前は想像できなかったような光景が、今では日常の一部になっています。

これがもし10年前だったら、旅に出たいと思えば、服を着替えて本屋に行き、旅行先を選ぶためのガイドブックを買うことからまず始めたのかもしれません。

そしてガイドブックを読み込んだのちに、電話で友達と相談しながら旅行の候補地を決定するとして、おそらくここまでで数日かかります。さらにその数日後にあらためて旅行代理店まで行き、順番を待つ列に数十分並んだあと、ようやく窓口の人と話ができて、そこで色々検討してようやく旅行パッケージを予約、次は銀行まで行って振込をしたあとに、また店舗まで足を運んで予約の紙とチケットを貰って……と行ったり来たりを繰り返していたことでしょう。それが今や、手元にあるスマートフォンだけで完結し、しかも従来よりも早く安く、目的の製品やサービスを手に入れられるようになっています。

例に挙げた先端のサービスを提供している企業の多くは、創業から20年以下という、大変若い企業ばかりです。中には創業してから10年未満の企業やサービスもあります。このように僅かな期間で急成長を遂げて、世界中の人々の生活に溶け込んでいる製品やサービスが、気付けば私達のまわりにあふれています。

彼らのような、短期間で急速に成長する一時的な組織体のことを「スタートアップ」と言います。

近年、スタートアップを目指した起業が世界中で増えています。

アメリカのトップレベルの大学では〝起業〟という選択肢が現実的になりました。中でもトップエリートほど「自分たちの責務としてスタートアップを興し、社会をよりよくしていくべき」と考える風潮が生まれているようです。たとえば理系のトップ校のMIT（マサチューセッツ工科大学）では、卒業後5年以内に起業する人が全体の12%を超えるようになっています。

さらに各国の政府も、次なる経済成長の期待をスタートアップや起業にかけ、様々な支援を行うようになりました。企業間のオープンイノベーションの取り組みも盛んになり、その中でスタートアップとの協業や買収を検討する企業も増えつつあります。

このように世界的にスタートアップへの関心が集まっています。そのため今後スタートアップに関わる人は増加してくるものと思われます。

しかし、スタートアップに初めて関わる人たちの目に、スタートアップという事業はおそらく少し異質なものとして映るはずです。実際、急成長を目標にするスタートアップの世界では、普通のビジネスの考え方や起業の方法論がうまくはまらないことが多くあります。

その最も特徴的なところは「**スタートアップは反直観的である**」という点にあります。本書もそうした反直観的な事実があることを伝えたいので『逆説』という掲題を付けています。

ここで言う反直観的とは「瞬時の推論や直観的な判断が実は正しくない」事柄のことを指します。そして逆説とは「一見、真理にそむいているようにみえて、実は一面の真理を言い表している表現」のことです。

スタートアップとしてのよいアイデアやよい戦略には、往々にして「自分の直観的な判断が間違っている」ことや「一見、真理にそむいているように見える」ものが含まれます。そのスタートアップの反直観性や逆説を正しく理解していなければ、スタートアップは成功しません。

そのため本書は、スタートアップという領域で、反直観的な事柄や逆説的な言説が起こる背景を説明し、それらに基づくスタートアップの思考法について、より多くの人たちに理解を深めていただくことを目的として書きました。

ただし後述しますが、この考え方は「起業」全般に当てはまるものではありません。あくまでスタートアップのような「急成長」を目的とする事業にのみ当てはまるものとしてお考えください。

筆者は外資系ＩＴ企業であるMicrosoftで、Visual Studioというソフトウェア開発ツールのプロダクトマネージャーを務めたあと、ソフトウェアエンジニアに向けて最新の技術情報の提供を行うテクニカルエバンジェリスト（伝道者）として数年活動しました。

その後、Microsoft Ventures（現Microsoft Accelerator）が世界中で立ち上がる中で、日本でのスタートアップ支援チームの一員として活動することになり、スタートアップへの技術的な支援を行いながら、世界中にいるMicrosoft Venturesの仲間たちから、世界レベルのスタートアップ支援の仕組みやノウハウを学んで、日本のスタートアップの世界展開を支援してきました。

そのやり取りの中で、日本のスタートアップが世界で戦うためには技術と人材がなにより重要と痛感したことから、東京大学に籍を移し、現在は東京大学産学協創推進本部で、大学発スタートアップや学生の技術プロジェクトの支援を行っています。

本書は、これまで筆者が伝えてきたスタートアップに関するノウハウの中でも、特に起業前や初期のスタートアップにとって重要な3点、「アイデア」「戦略」「プロダクト」について集中的に解説します。

この他にも、チームや実行力、ファイナンスなど、スタートアップの成功にとって必要な要素はたくさんあります。**しかし今回は、その中でもスタートアップに特有の、反直観的で逆説的な原則を理解してもらうために、「アイデア」「戦略」「プロダクト」の三つに焦点を**

絞りたいと考えています。

またどんなに能力が高く優秀でも、運を味方にできない限り、スタートアップは成功しません。そのため本書では「運」についても解説します。

そして最後には、こうしたスタートアップの思考法の有効性を確認する意味で、キャリア開発や投資といった別の領域に適用する試みをしてみたいと思います。

すでに起業している方々には、本書よりももっと詳細なノウハウが必要です。そうした方々に向けては、インターネット上に各種スライドを用意しているので、そちらを参照してください（「Takaaki Umada スライド」などで検索してください）。

また本書はスタートアップの思考法を理解してもらうために、起業家のみならずスタートアップに関わる方々向けにも読めるように書いたつもりです。そのため本書の読者は以下のような方々を想定しています。

- スタートアップをこれから始める人
- すでにスタートアップを始めているが、その原則を確認したい人
- キャリアとしての起業に興味のある大学生や新社会人

また、今の時点ではスタートアップに直接関わっていない社会人の中でも、特に以下のような方々なら、参考になる部分は多いのではないでしょうか。

- 新規事業の担当者
- 新規事業を承認する立場にある経営者層
- スタートアップに関わることになった企業内担当者

私の作ったスタートアップ向けのスライドはよく「これを読んでおいて、とぽんと渡せるから楽」という感想をいただいていました。本書もそれに準じて、スタートアップについて興味がある人や理解してほしい人に「これを読んでおいて」と渡せるような形にしたつもりです。スタートアップに興味のある上司や友人が出てきた際には本書を紹介してみてください。

歴史を振り返ってみれば、世界を変えるようなイノベーションの多くが、本当に小さな新興企業から生まれています。今大きくなっている企業も、最初はほんの小さな企業として始まり、その後イノベーションを生んで急成長を遂げて、大企業になりました。

より多くのイノベーションが求められる現代社会、そしてこれからの将来にかけて、スタートアップという急成長する事業の形態の重要性はさらに増してくるものと思われます。だからこそ、シリコンバレーで先んじて培われてきたスタートアップの方法論について多くの方にご理解いただき、そしてたくさんの人たちがスタートアップに挑戦できる環境を作る一助ができればと考えています。

本書はそうした思いから、スタートアップの独特な思考法を多くの方々に理解いただくための入門書として執筆しました。紹介している考え方や思想の多くは先人たちのものであり、新規性はそれほどないかもしれませんが、多くの人にとって有用であるように、極力短く、分かりやすく解説したつもりです。

そしてスタートアップ的な思考法は、スタートアップというビジネス形態だけではなく、学術研究や新規事業といった分野でも役立つと信じています。本書で紹介するスタートアップ的な思考方法、つまりスタートアップ思考が、スタートアップ以外の分野においても、新しい何かを始めようとしている読者の方々の役に立つことがあれば幸いです。

なお、前章の『スタートアップとは』は、スタートアップという言葉に、そもそもあまり馴染みのない方に向けて書きました。もしすでにスタートアップについてそれなりの理解をお持ちの方は読み飛ばし、第1章の『アイデア』から読み始めていただければと思います。

目次

逆説のスタートアップ思考

前 章
スタートアップとは

近年、世界の不確実性が高まっており、将来がより一層予測しづらくなっていると言われています。

世界の国々は国境を超えて密接につながり、一つの国の危機が容易に他国に伝搬するようになりました。グローバリゼーションの発達と浸透によって、近未来の予測ですら困難なほどに、世界は複雑性と不確実性を増しています。

一方でテクノロジの発展と多様化のスピードはさらに加速しています。その結果、既存の技術の陳腐化が激しくなり、会社を支える次の技術を見つける重要性が高まる反面、投資するべきテクノロジは予測しづらくなっています。

こうした不確実性が増すことで、企業は競争力を長期的に維持することが難しくなっています。安定しているように見えていた大企業でも、わずか数年で苦境に立たされる様子を私たちは何度も目の当たりにしてきました。

そんな中、政府や大企業はある種の企業体に注目し始めています。それが「スタートアップ」と呼ばれる新興企業です。

スタートアップは世界の不確実性をよい方向に利用して、短期間での急成長を狙います。

本章ではそうしたスタートアップの概要についてお話しします。

です。

■スタートアップとは

繰り返しとなりますが、スタートアップは短期間で急成長を目指す一時的な組織体のことです。

新興企業であっても、短期間での急成長を目指さないのであれば、それはスタートアップではありません。着実な成長を目指すものはスモールビジネスと呼ばれます（図1）。

ベンチャーキャピタルから資金調達をしていることや、先端的なテクノロジに関わっていることなどは関係なく、あくまで急成長を目指す組織体でない限りスタートアップとは言えません。逆に新興企業でなくても、今から短期間での急成長を目指すのであればスタートアップ的な組織体であると言えます。

通常の起業の対象となるような、たとえば飲食店や理髪店はスタートアップにはなかなか該当しません。何故なら、そうしたビジネスの成長の上限は、土地の広さと顧客単価、そして顧客の回転率でほとんど決まっているからです。

一方でＩＴやテクノロジを使って自社製品を作るような事業なら、世界中の多くの人たちに使ってもらえる可能性があるため、スタートアップになりえます。ただし、ＩＴやテクノロジを使っているからといってスタートアップとは限りません。なぜなら、顧客の要望を聞き、ソフトウェアを作るような受託開発ビジネスも、顧客単価で成長の上限がほとんど決まってしまうからです。

スタートアップであるかどうかのポイントは急成長を目指しているかどうかです。そして本書はあくまで、スタートアップに関して取り扱います。**特にスタートアップが急成長する**

▶図1　スタートアップとスモールビジネス

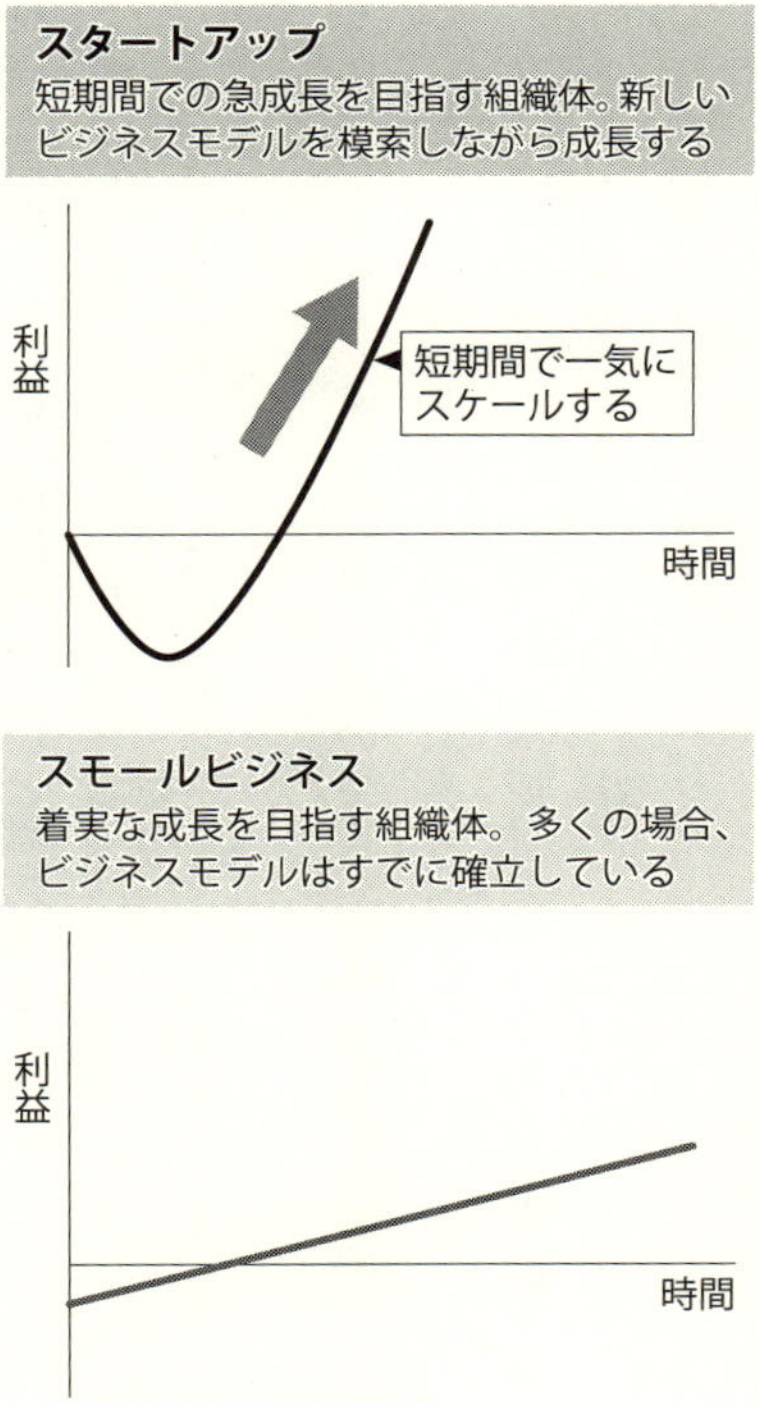
スタートアップ
短期間での急成長を目指す組織体。新しいビジネスモデルを模索しながら成長する
利益
時間
短期間で一気にスケールする
スモールビジネス
着実な成長を目指す組織体。多くの場合、ビジネスモデルはすでに確立している
利益
時間

ための独特な思考法について解説をしたいと考えています。

ここで勘違いしていただきたくない点としては、スタートアップとスモールビジネスの間に優劣はないということです。その差異は「何を目指しているか」ということしかありません。

むやみに事業を拡大せず、一定の規模のまま、顧客に新たな価値を提供し続け、卓越した利益を上げ続けるようなスモールビジネスも、立派な一つの事業形態です。ただし本書で扱うのは、スタートアップという短期間で急成長を狙うための思考法であり、その多くがスモールビジネスでは適用できないことだけご注意ください。

なお、日本国内ではスタートアップに対し、「ベンチャー企業」や「ベンチャービジネス」という言葉をあてがう傾向があります。**しかし近年、この「ベンチャー企業」という言葉よりも「スタートアップ」という言葉のほうが一般的になりつつあります。**さらに、国内では急成長を目指さない新興企業のこともベンチャー企業と呼ぶ傾向にあり、混乱を招きかねないので、あくまで本書ではスタートアップという言葉を利用したいと思います。

■なぜスタートアップなのか

なぜ今、スタートアップが注目を集めているのでしょうか。

その一つの理由は、世界中でイノベーションが求められており、その効果的な手段であるスタートアップへの期待が高まっているから、と言えるでしょう。

現実として各国政府は経済成長の施策の一つとして、スタートアップや起業を振興しています。大企業も、自社だけでの研究開発に限界を感じつつあるのか、新たなイノベーションの種を見つけるべく、「オープンイノベーション」という名の下にスタートアップとの連携を始めました。

こうした動きの背景として、技術の多様化や進歩の速さ、そして「はじめに」で例に挙げたような、短期間で成功を収める新興企業が続々と生まれていることがあるでしょう。そして同時に、スタートアップが成長を遂げやすい環境が整った、という事情もあるかもしれません。

たとえば起業をするために必要となる、いわゆるイニシャルコストはここ数年で劇的に下がりました。ソフトウェア関係の起業なら、パソコン1台あれば、サーバーはクラウドプラットフォームを使うことで、すぐにサービスをリリースすることもできます。またソフトウエアの進化に合わせ、様々なテクノロジが、より安価かつ迅速に入手できるようにもなりました。

そしてグローバリゼーションの発展によって、世界中の市場にアクセスできるようになっています。たとえばもしスマートフォンのアプリケーションをリリースした場合、それこそ世界中のスマートフォンユーザーからアプリを購入してもらえる環境が整いました。同様に流通や物流も進歩し、やはり世界中の顧客から購入してもらいやすくなったため、急激な事業拡大も可能となっています。

このように、小さく始めつつ短期間で事業をスケール（拡大）しやすい環境ができあがりつつあることが、スタートアップという事業形態をより行いやすくしています。

さらに、国単位でのスタートアップへの支援環境も整いつつあります。

日本国内を見ただけでも、直接的に国や大企業からの支援制度が充実しつつあるほか、金融環境の変化で、スタートアップに資金を投資するベンチャーキャピタルへとお金が集まるようになりました。その状況下で、スタートアップを始めるために必要となる「リスクマネー」が起業家の手に渡りやすくなり、結果として環境が整ったのです。

アメリカや日本といった先進国において、スモールビジネスを含んだ起業そのものの数は減少傾向にあるようです。しかし各方面からの後押しもあり、急成長を目指すスタートアップについては、勢いがますます増していると考えられます。

■「スタートアップ思考」が体系化され始めた

急成長を目指すスタートアップが増え、支援も増えた副産物として、成功するスタートアップを生み出すために必要な仕組み、そして考え方が徐々に体系化され始めています。

その一つのきっかけは、アメリカのシリコンバレーを中心に、2000年代中盤からスタートアップを支援する「アクセラレーター」と呼ばれる組織が生まれたことにあります。

スタートアップはアクセラレーターに少額の投資をしてもらい、3ヶ月から6ヶ月といった短期間、アクセラレーターの提供するプログラムに参加します。その間、スタートアップはアクセラレーターから、自社の事業を加速する（アクセラレート）ための教育や支援、アドバイスなどを受けることができます。

アクセラレーターの成功を受け、大企業も「コーポレートアクセラレーター」という機能や組織を設けるようになりました。コーポレートアクセラレーターを介し、大企業は自社の資源をスタートアップに提供し、その成長を支援しながら、いち早くスタートアップとの深い関係性を持とうとします。私のいたマイクロソフトもMicrosoft VenturesやMicrosoft

Accelerator という組織を持ち、スタートアップを支援していました。

数あるアクセラレーターの中でもトップの評判と実績を持つのが、2005年に設立された Y Combinator です。設立以来、彼らはすでに1000社以上のスタートアップを支援し、多数の有名なスタートアップを輩出しています。たとえば有名なところでは Airbnb や Dropbox などが Y Combinator 出身のスタートアップです。

Y Combinator は、数万にのぼるスタートアップからの応募と、数千にも及ぶ支援先のスタートアップの生死を傍で見てきました。おそらく彼らはスタートアップの成功法や失敗のパターンに世界で最も詳しい組織と言えるでしょう。

そしてベンチャーキャピタルなどに比べて、彼らは最も初期のスタートアップを支援することが多いため、スタートアップのトレンドやスタートアップの初期において重要な「反直観的」な事実について、深く理解しています。

Y Combinator はスタートアップ支援のノウハウを、大学の講義やセミナー、ブログへの投稿などを通じて惜しみなく公開しています。本書の内容のベースとなっているのは、そうしたアクセラレーターや数々のスタートアップで培われた理論と知識です。そのため、本書では海外の事例が多く、日本の事例が少ないことを予め断っておきます。

■サバイバルするためのスタートアップ思考

Y Combinator は年に2回プログラムを実施しており、スタートアップの募集を受け付けています。ここ数年は1回の募集に、世界中から1万弱の応募があるようで、その合格率は世界最高峰のビジネススクールであるハーバードビジネススクールよりも低いとも言われています。

なぜアクセラレーターがこれほど人気を集めるのでしょうか。一つの理由としては、アクセラレーターが、今やある種のビジネススクールとしての機能を果たしつつあるからではないか、という説があります。つまりお金を払ってMBAを取得して「プロの管理職」になるより、起業して「新しい事業を興す経験」をしたほうが役立つキャリアになる、と考える人が増えているようです。

その背景として、新しい事業を生み出すことの市場価値が高まっている点が挙げられます。

2013年にオックスフォード大学のマイケル・A・オズボーン准教授とカール・ベネディクト・フレイ博士が発表した論文、『雇用の未来——コンピューター化によって仕事は失われるのか』(The Future of Employment) をきっかけに、いわゆる「テクノロジ失業」が取り沙汰されるようになりました。

近年の人工知能やロボティクスの発達や期待もその一因かもしれませんが、ブルームバーグのレポートによれば、銀行という業種一つ取っても、テクノロジによる業務効率化で、２００８年と対比して60万の職が削減されたと言われています。

かつて機械の発達が人や動物の肉体的定型労働を減らしたように、今度は人工知能やロボティクスの発達が、認知的定型労働を減らしていくことは間違いありません。その結果、中程度の技能が必要とされる職が失われていく、という指摘はあらゆる論文で共通しています。

こうしたテクノロジ失業についていち早く指摘したMITのエリック・ブリニョルフソン教授らが記した『機械との競争』（村井章子訳、日経ＢＰ社）では、失業対策として「起業」を勧めています。それもそのはずで、起業やスタートアップのような、創造性を求められる領域への挑戦こそ、人工知能などに向いていないと目されているからです。

それは言い換えれば、新しい価値を生むような仕事でない限り、これからは生き残っていけないということなのではないでしょうか。つまりそれは、広義の創造力を持たない人や新しい価値を作り出すことのできない人にとっては、とても厳しい世の中になるかもしれない、ということでもあります。

よい大学に行き、大企業に入って、既存の仕組みを効率的に行うような仕事を続けていれば一生安泰、という時代ではすでになくなっています。今後は新しい仕組みや新しい価値を生み出すことが求められます。それが今後、長寿化によってより長くなっていく生涯労働期間をサバイバルするために必要な思考です。

筆者は現在大学に籍を置き、大学でスタートアップの方法や思考を学生に伝えていますが、これは「大企業信仰」が残る親の世代からすれば、我が子にリスクの高い選択を勧めているように感じるかもしれません。しかし前述のような時代の変化を見据えると、実際に起業をするかどうかは別として、新しい価値を生み出すためのスタートアップ的な思考を知ることや、起業という選択肢を持っていることは、長い職業人生をサバイバルしていくための、むしろ今必要とされている教育の一つであると思われます。

■健全な社会のためのスタートアップ

健全な社会と民主主義を維持するためには経済成長が必要です。十分な経済成長を遂げることで、社会課題を解決、とまでは言わずとも、ある程度緩和することができるでしょう。そして課題先進国とも言われる日本は、他の諸国に比べてもより健全な経済成長を必要としています。

それでは新しい価値と富を作り出し、経済成長を牽引し、そしてパイを広げる機能を持つ現象とは一体何でしょうか。

それこそがイノベーションです。

これまで多くのイノベーションは、スタートアップのように小さな企業によって成し遂げられてきました。**イノベーションを起こして新しい価値と富を生み出し、その富を適切に分配し、健全な社会と民主主義を築いていくための、現時点での最も効果的な手法が「スタートアップ」であると筆者は信じています。**

世界の不確実性が高まっている今だからこそ、逆にその不確実性を有効に利用して、優れたスタートアップが輩出できる可能性は高まっている、とも考えられます。

そしてそうしたスタートアップの成功確率を上げるために、スタートアップを始めるための優れた方法論が広く認知されることが必要だと考えています。

論理思考、デザイン思考といったキーワードが巷を賑わす中、これから伝える逆説的なスタートアップ思考がビジネスの新たな特効薬だと喧伝するつもりはありません。それに今回説明する逆説的な思考法が応用できる領域は限られているとも思います。

しかし多くの人がスタートアップ思考を身に付け、「急成長をする事業を作る」挑戦をすれば、これまでに増して多くのイノベーションが起こり、より健全な社会を実現することができるのではないかと、少なくとも筆者はそう信じています。

第１章

アイデア

「不合理」なほうが合理的

スタートアップはすべて「アイデア」から始まります。

アイデアが悪ければ、どんなに優れたチームやプロダクト、または実行力が備わっても、急成長することはできません。アイデアという根本的な部分を間違うと、その後の事業のすべてが破綻します。

そしてこれが最も重要なのですが、スタートアップとしての優れたアイデアは、一見そうには見えません。誰の目から見てもよく思われるアイデアでスタートアップを始めれば、多くの場合、急成長を遂げられません。

これは誰もが最初間違う、スタートアップのアイデアの反直観性であり、逆説的なポイントです。

この章では、スタートアップとして価値を持つ反直観性に着目しながら、成功するアイデアとはどんなものかを解説します。特に以下の四つの説とその背景を説明することで、筆者の言う「逆説」の意味をしっかり理解してもらいたいと思います。

1 不合理なほうが合理的
2 難しい課題ほど簡単になる

③本当によいアイデアは説明しにくい
④スタートアップの成功はべき乗則に従う

それでは早速、スタートアップの逆説的な思考法に触れていきましょう。

■スタートアップとは「反直観的」である

スタートアップ関係者から最も尊敬されている人物の一人に、ポール・グレアムがいます。彼はLispというプログラミング言語に秀でるハッカーであり、作った会社をYahoo!に売却したことのある起業家です。さらに彼は数々のエッセイを発表しており、そのエッセイを集めた『ハッカーと画家――コンピュータ時代の創造者たち』(川合史朗訳、オーム社)という本はプログラマの間でも、特に人気を集めています。

ポール・グレアムは長年、スタートアップの成功のためのノウハウと考え方が詰まったエッセイをウェブに継続的に公開しています。

さらに彼はそうした経験を踏まえて、前章で紹介したY Combinatorというスタートアップ養成機関を2005年に設立し、2014年までその機関のトップとして、スタートアップに対してアドバイスをしていました。

さらにスタートアップ業界にはもう一人、重要な人物がいます。決済サービス会社Paypalと、アメリカ政府を顧客に持つデータ分析会社Palantirの共同創業者の一人であり、Facebookの可能性を見抜き、最初に投資した投資家であるピーター・ティールです。

彼はスタンフォードでの講義をもとに書き上げた『ゼロ・トゥ・ワン――君はゼロから何を生み出せるか』（関美和訳、ＮＨＫ出版）の中で、起業家としてPaypalを成功させ、投資家としてもFacebookや製薬会社Stemcentrixへの投資で数千倍のリターンを得るに至った、彼独自の思考法を解説しています。近年では、シリコンバレーでは特に珍しく、トランプ大

『ハッカーと画家――コンピュータ時代の創造者たち』（ポール・グレアム著、川合史朗訳、オーム社）

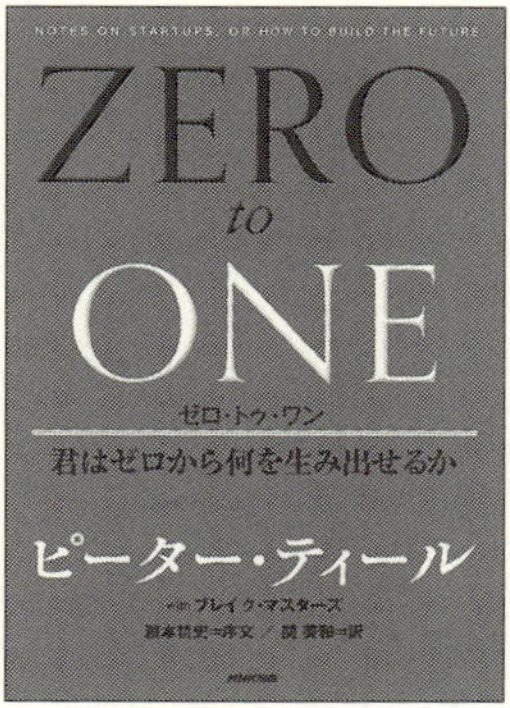

『ゼロ・トゥ・ワン――君はゼロから何を生み出せるか』（ピーター・ティール、ブレイク・マスターズ著、関美和訳、NHK出版）

統領に多額の寄付をした逆張りの投資家としても有名になりました。

この二人の見解で共通しているのは、「**スタートアップの優れたアイデアとはとても反直観的である**」ということです。

■「不合理」なほうが合理的

スタートアップにとって優れたアイデアは反直観的であり、直観に従って判断するとその真贋を間違ってしまいます。ここで言う〝反直観的〟を言い表す表現として、さらに「**スタートアップの優れたアイデアとは不合理なアイデアである**」と言われることもあります。ではなぜ不合理なアイデアのほうがスタートアップにとっては適切なのか、その理由を考えてみましょう。

スタートアップとは、そもそも急成長する組織のことを指します。

マーケットが合理的に動いていれば、急成長するチャンスは頭のよい人たちによってすでに狩り尽くされているはずです。それこそ急成長できるような機会がすでに明確になっていれば、Google や Facebook といった、特に動きの素早い巨人たちがすでに攻め込んできていることでしょう。

しかし、いくつかのスタートアップはそうした巨人たちに先駆けて優れたアイデアにたどり着き、実行し、急成長を遂げています。ではなぜ頭のよい人たちは、そんな大きな機会に気付けなかったのでしょうか。

それに対する答えこそ、急成長したスタートアップのアイデアが、一見悪いように見える、正に「不合理なアイデア」だったからです。もしくはそれは、「**一見悪いように見えて実はよいアイデア**」「**他人から見ると狂ったように見えるアイデア**」と表現してもいいかもしれません。

▶図2　スタートアップのアイデアは“どこ”にある？

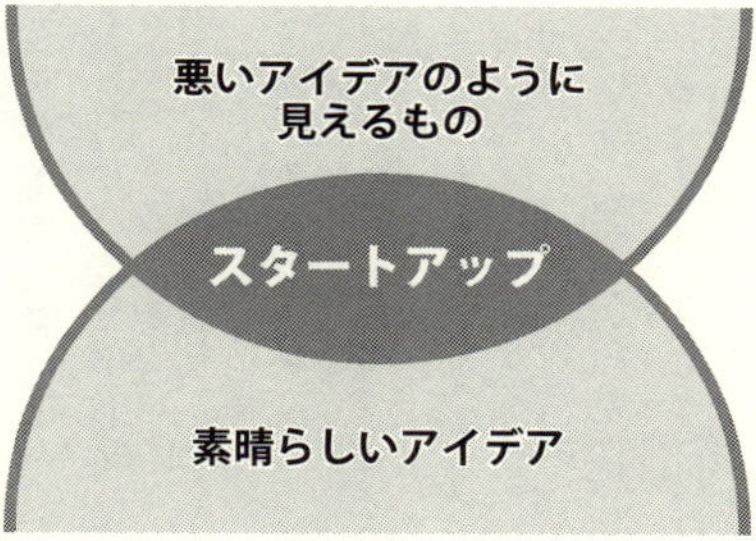

たとえばAirbnbは、自分の家の一部を他人が泊まるために貸し出すサービスとして始まりました。これは多くの人が「まさか」と思う、一見悪いように見えるアイデアです。

実際その創業初期、多くの有名な投資家が投資を見送ったと言われています。しかしそんなAirbnbも、創業からわずか8年ほどで評価額が3兆円を超える企業となりました。

Googleの例も見てみましょう。ポータルサイト全盛の1990年代後半、多くの会社が自社サイト内でのユーザー滞在時間をいかに増やすか考えていたときに、Googleは精度のよい検索エンジンを作り、あえて自社サイトへの滞在時間を減らす事業を展開していました。当時もいくつかの検索エンジンが提供されていましたが、広大なウェブに点在する情報を、ユーザーの望む形で検索できるようにするというのは非常にコストのかかる事業であり、ビジネスとしてはYahoo!に代表されるディレクトリ型の情報提供ポータルが主流だったのです。さらに言えば検索エンジン単体でどうやって収益を上げるか、まだ分かっていない状況です。これも、他人から見ればさぞ不合理なアイデアに見えたはずです。

Airbnbは文化的な変化にいち早く気付き、さらにテクノロジを利用して、自分たちのサービスを一気にスケールさせることで急成長を遂げました。またGoogleは頻繁にインターネットを使うヘビーユーザーたちの「精度のよい検索エンジンが欲しい」というニーズを真っ先に摑み、それに対する技術的な解答をした上で、一気に急成長しました。

仮にAirbnbのようなアイデアを、ホテル業界の大企業の人が思いついたとして、果たして実行できていたかというと、おそらくできなかったでしょう。上司には理解してもらえず、承認ももらえずに、そのままお蔵入りになっていたはずです。たまたま上司を説得できて、上層部の検討までたどり着いたとしても、そのビジネスは既存のホテル業界のビジネスモデルを壊しかねないものですし、なかなか実行には移せません。

急成長を目論むスタートアップは、資金や人材といった資源が極端に少ない状態で戦いを始めます。そんな条件下で成長しなければならないとすると、まともな戦い方では立ち行きません。

だからスタートアップは誰も手を付けていないアイデア、つまり「他人から見れば不合理なアイデア」や「他人からは悪く見えるようなアイデア」、あるいは「まだ世間的なコンセンサスが取れていないアイデア」を選ぶ必要があります。そしてそれが正しい場合、事業は急成長を遂げることができます。

つまり、スタートアップのような急成長を目指す企業は、他人から見たときに不合理なアイデアを選び取るほうが、合理的な選択になるのです。

この一見、不合理なアイデアの選択のことをピーター・ティールは「賛成する人がほとんどいない大切な真実」と呼んでいます。「狂気は個人にあっては稀有なことである。しかし、集団、党派、民族、時代にあっては通例である」というのは哲学者ニーチェの言葉ですが、まさに今の時代の集団が「間違って信じている幻想」を見抜き、それに異を唱えることが、スタートアップを始める人たちには必要な資質とも言えます。

■「悪く見えるアイデア」を選ぶとはいえ

ピーター・ティールの「賛成する人がほとんどいない大切な真実」という言葉で重要なのは、賛成する人がほとんどいないけれど、それは真実である、という条件を含んでいることです。

この条件を満たすのは、本当に難しいことです。というのも、悪いように見えるアイデアは単に「悪い」だけのことが多いからです。むしろほとんどが「悪いように見え、実際に悪いアイデア」、つまり「ただ単に悪いアイデア」なのです。

悪いように見えて実はよいアイデア、というのはとても希少です。だからこそほとんどのスタートアップは失敗します。自分のアイデアが他人から悪いように見える、他人から否定されるからといって、それがすなわちよいアイデアであるとは限りません。

繰り返しますが、このポイントは何度でも強調させてください。ほとんどの悪く見えるアイデアは単に悪いアイデアです。

ここでさらに判断を難しくするのは、過去に失敗した悪いアイデアだからといって、今失敗するとは限らない、という事実です。

たとえば動画投稿サービスは2000年前後から挑戦が試みられていましたが、ネットワークの進歩やブロードバンドの普及、人々の行動の変化などがあったため、2005年に創業したYouTubeが成功を収めました。過去に悪かったアイデアだからといって、今も悪いとは限りません。

そのため、アイデアそのものの良し悪しではなく、「なぜ今」このアイデアは悪いように見えて実はよいのかを説明できる必要があります。この「Why Now?」の問いは、シリコンバレーで最も尊敬されるベンチャーキャピタルの一つ、セコイア・キャピタルがしばしば行う質問だとされています。

■「難しい課題」のほうが簡単

ここまで、スタートアップのアイデアの反直観性、不合理なアイデアを選ぶほうが合理的だと説明してきました。

そしてもう一つ、スタートアップにとって反直観的で重要な事実として、「難しい課題のほうがスタートアップは簡単になる」というものがあります。

たとえば社会的課題を解決する事業のスタートアップや、高度な技術を必要とするハードテックスタートアップは時に難しく見え、そのアイデアを選ぶのを避けてしまいがちです。しかし、実は難しい課題を選ぶほうが結果として、スタートアップは簡単になる傾向があります。これもまた直観的には理解が難しいスタートアップにとっての事実です。

なぜ難しい課題のほうが簡単になるのでしょうか。その理由は主に、

- **周囲からの支援が受けやすくなる**
- **優秀な人材採用につながる**
- **競合がいないマーケットに進出できる**

といった点にあります。

まず社会的意義のある事業やミッションのある事業は、まわりの協力を取り付けることを簡単にしてくれます。重要な社会的意義や魅力的なストーリー、ロマンのためならば、進んで協力をしてくれる人は想像以上にたくさんいます。昨今の副業の解禁や、プロの技術を用いたボランティア、いわゆるプロボノの推奨といった社会的な動きがあり、社会的意義を重

視する協力者を見つけることはより容易になりつつあります。

特に一度成功を経験した人であればあるほど、社会的意義のある事業に興味を持ってくれる傾向は強まります。成功した人をエンジェル投資家や初期の顧客として獲得することで、より多くの人たちが協力してくれる流れを作ることができます。

さらにミッションを持って動くスタートアップの場合、優秀な人材が集まる傾向にあります。これは重要なポイントで、スタートアップがどのような成長の段階になろうとも、常に課題になるのが人材採用です。そして優秀な人材は、会社の成否を決めます。

たとえばすでにGoogleで高給を得ている人が、あなたのスタートアップになぜ参加するべきなのでしょうか。そんなとき、「Googleで広告のクリック率を0・001％上げるためのプログラムを書くことよりも、私たちの会社に参加したほうが社会的課題に取り組める」というのは一つの強力な理由になります。実際、日本国内でも、Googleのような超大手の会社からスタートアップに移り、自分より若年の起業家の下で働くベテランの方々を見るようになってきました。

特に80年代半ばから2000年くらいにかけて生まれたミレニアル世代は従来に比べ、社会的な課題を解決することに動機づけされる傾向にあります。その意味でも社会的に難しい課題に取り組むことは彼らのような若い世代を採用するときに有効でしょう。さらにいえば、初期の顧客やパートナーも、自社のビジョンに共感する人から出てきます。

技術的に難しい課題に取り組むことも優秀な人材を引きつける理由になります。昨今であればば宇宙やバイオテクノロジといった、比較的新しい技術領域に挑むスタートアップに、優秀な人材が雪崩れ込んでいます。

その理由の一つは、優れた技術者は技術的に難しい問題の解決に熱意を持つ傾向にあるからでしょう。技術的な達成の困難さは優れた技術者を奮い立たせます。

そして優れた技術者は優れた技術者のまわりに集まる傾向にあります。優れた技術者が一人スタートアップに入った瞬間、その人に憧れる技術者の入社応募が一気に増えるケースが散見されます。

たとえばこうした技術的課題に取り組んだスタートアップの事例として、自動運転のキットを開発するCruise Automationがあります。この会社は創業から3年ほどで、ゼネラル・モーターズに約1130億円以上で買収されました。

その会社のCEOは最初、同じ技術を使ってビデオストリーミングのアプリを作るか、もしくはその技術をもともと興味のあった自動運転に応用するかで迷っていたそうです。ビデオストリーミングの会社をやるなら実現可能性は高いものの、多くの競合がいます。そこで技術的に難しく、社会的に意義のある自動運転をスタートアップのテーマとして選ぶことで、結果的にまだ競合がほとんどいない領域に進出することになりました。そして、テーマの難しさに熱意を持つ優れた技術者たちが集まり、いち早く短期間で急激な成長を遂げることができ、高い評価額で買収されるに至りました。

■ソーシャルインパクトの重要性

近年、実現すれば社会的に大きな影響を与えられて、かつ技術的に実現が難しい課題に取り組む人達に対する支援も増加傾向にあります。背景には「テクノフィランソロピスト」と呼ばれる、それまでに技術で築いた私財を使い、技術でさらに世界をよくしていこうというフィランソロピスト（篤志家）の存在が増しています。

たとえばMicrosoftのビル・ゲイツ、Dysonのジェームズ・ダイソン、Googleの元CEOであるエリック・シュミット、Tesla Motorsのイーロン・マスクらは自らの私財を拠出し、難題を解決しようとする人たちを、研究補助やエンジェル投資、コンテストの協賛などを通じ、支援しています。

彼らの重視するポイントは「ソーシャルインパクト」、つまり社会問題の解決や世界によい影響を与えるかどうかです。

そうした潮流を見るにつれて次第に明らかになりつつあるのは、平凡な企業、つまり既存のアイデアをコピーしてほんの少しの新しい何かを加えたような企業に優秀な人は集まらなくなってきているということです。ミッションのない企業は人々を興奮させず、また成功するためのハードな働きをチームに引き起こすことができないので、結果的に成功が難しくなります。

もともとすべての事業は「多くの人たちがお金を払ってでも欲しい」ものを提供するからこそ継続できるのであり、社会的な意義があるものです。パナソニックの創業者である松下幸之助は「企業は社会の公器である」と述べたと言われていますが、スタートアップも一つの企業である以上、社会的意義のある領域で始めるべきと言えます。

ただし、社会的によいことをしているからといって、必ずしも支援を受けられるわけではありません。夢物語で終わるようなアイデアに人々は興味を持ちません。

まわりを巻き込むには、十分に大胆でありながらも、頑張れば実現可能であるというアイデアが必要です。自分たちのアイデアが、なぜ今ならぎりぎり実現できるのか、その解決のためにどういったユニークな洞察や技術があるのか、といった理由をきちんと持った上でまわりを巻き込んでいく必要があります。

そしてそれができれば、ビジョンに共感する人たちの協力を得ることができ、結果として難しい課題に取り組むほうがスタートアップは簡単になります。

この「難しい課題のほうがスタートアップは簡単になる」という正に反直観的な事実は、最初、理解を得ることがとても難しいものです。しかし一度理解すれば、強力な武器となる考え方でもあります。

■「面倒な仕事」を選ぶ

そして「難しい課題に取り組むとスタートアップは簡単になる」と同類の反直観的なものとして、「面倒な仕事に取り組むとスタートアップは簡単になる」という事実が挙げられます。

なぜなら、大きな課題があるものの、明らかに面倒な領域ほど取り組もうとする人は少なく、結果的に競合が少ない領域でスタートアップが可能になるからです。

たとえば、ソフトウェア開発者にとって易しい決済サービス、Stripeは、この数年で一気に成長したスタートアップです。彼らは決済という、明らかに面倒な業種であえて起業しました。当時、テクノロジに精通した人たちは「決済」と聞いただけで臆してしまい、その分野に挑戦する人がほとんどいませんでした。その結果、Stripe は競合が少ない領域で戦うことができ、短期間で大きく成長することができたのです。

また Flexport という貨物の輸送を可視化できるサービスを提供したスタートアップは、世界中の運送業者のデータベースを用意し、それを無料のソフトウェアとして提供することで、運送をより効率化する土台を整えました。

彼らはこれまでメールやＦＡＸ、紙で行われていた積荷目録を一つひとつデータ化していき、「規制機関から認可が下りるまでに2年かかる」という面倒な作業を乗り越え、現在、世界の物流を効率化するサービスとして注目を集めるようになっています。彼らの取り組んだ課題は、業界内で課題として認識されていたものの、面倒だし、退屈で、誰もが無視していた課題です。それに取り組んだ結果、大きな成長を遂げることができました。

大きな仕事をしようとすればするほど法律や規制、既得権益などが絡み、面倒な仕事はたくさん発生することになります。そうした領域に踏み込むことは誰もが嫌がります。しかし裏返せば、面倒な仕事は誰もがやりたがらないため、大きな課題と市場が手付かずで残っている場合があります。

そしてもう一つ重要で、多くの創業者が勘違いしていることとして「面倒な仕事は避けられない」ということが挙げられます。

スタートアップを志望する人たちの一部は、自分たちが楽をして稼げるような、綺麗な計画を作る傾向にあります。たとえば「大企業とパートナーシップを組み、データをもらってそれを機械学習に……」といったようなものから「作った製品を販売店に売ってきてもらう」「まずは行政と組んで広める」といったような計画です。

確かにこうした計画はすぐにお金が儲かるように見えるかもしれませんし、楽に進むように見えるかもしれません。しかし残念ながらその人が相当な人脈や実績を持っていない限り、ビジネスとして機能しないことが多いのが実情です。

もしあなたが単なる何の実績もない人で、仮にどこかとパートナーシップが組めて、面倒な仕事が避けられるのであるとしたら、他の人にできない理由はないはずです。だとしたら、そのアイデアがまだ誰もやらずに手付かずに残っているのは一体何故でしょうか。

面倒な仕事を避けたがる傾向は、特にハッカーやエンジニアに多く見られるようで、ポール・グレアムもこのように述べています。

「Y Combinatorで行うたくさんのことのうちの一つは、面倒な仕事は避けられないということを教えることだ。そう、コードを書くだけでスタートアップを始めることはできないんだ。（中略）面倒な仕事は避けられないだけじゃない。面倒な仕事こそがビジネスの多くの部分を構成しているんだ。企業は、その企業が引き受ける面倒な仕事によって定義される」

通常、ビジネスでは誰かの代わりに面倒な作業を請け負うことでお金を得ます。面倒な仕事や泥臭い作業を避けることはできません。こまめにデータを集めたり、あるいは地道にセールスをしたり、という仕事が必要です。

もちろん、その面倒な仕事を面倒なままにしておく必要はありません。面倒な仕事の一部を技術や新しいアイデアを使って効率化し、自分たちを楽にしていくことでビジネスは堅牢になり、高い利益率を実現できます。

そうした面倒な仕事には、業界の現場の経験を通して気付くことが多いようです。そして業界で避けられている「今はまだ面倒な仕事」に着目して、それを技術などによって劇的に改善することができれば、それはスタートアップの有効なアイデアになります。そして世の中には、誰もやろうとしないような面倒な仕事はまだたくさん残っています。

■「説明しにくいアイデア」を選ぶ

よいスタートアップのアイデアを考えるうえで、さらにもう一つ、大事な反直観的な考え方があります。**それは「よいアイデアは人に説明しにくい」という点です。**

一般的に「よいアイデアは、それを聞いた誰もが分かりやすいアイデア」だと言われます。たとえば「一言で表せるシンプルなアイデアのほうがよい」「タグラインは英単語で6語までにまとめろ」「難しいことを簡単に言えるのが頭のよい人」といったようなことが言われています。

スタートアップのアイデアや製品はシンプルなほうが好まれます。そして実際、シンプルなアイデアで始めたほうが、一つのことに集中することができます。それでもなぜ分かりにくいものが、スタートアップとしてよいアイデアになるかといえば、シンプルさと分かりにくさは両立し得るからです。

何度か例に出している Airbnb のアイデアは「他人の家の空きスペースに泊まる」という極めてシンプルなものです。Uber の仕組みも「見知らぬ他人の車をスマートフォンで呼び出して相乗りする」とシンプルに説明ができるでしょう。

しかし、こうした説明を彼らの登場前に初めて聞いたとすれば、おそらく「まさか」と反応してしまうアイデアだったのではないでしょうか。言い換えるならば、シンプルな表現で意味自体は分かっても、意味する内容は分かりづらいアイデアだと言えます。

スタートアップのアイデアや製品はシンプルである必要があります。シンプルさがないと人には伝わりません。しかし伝わったからといって、そのアイデアが分かりやすいかと言えばそんなことはありません。特定の文脈や共通の経験がないと分かりづらい、つまり説明しにくいことはやはりあり得るのです。

こうした状況を見てか、ピーター・ティールもこのように述べています。

「本当に成功している企業というのは、既存のカテゴリーにはまらない、事業内容を説明しにくい企業なのです」

今や普通になってしまいましたが、ウォークマンは「再生専用の持ち運べるカセットテーププレーヤー」として脚光を浴びました。当時は「録音機能のないプレーヤーなど売れない」というのが一般的な認識でした。つまり、ウォークマンは不合理なアイデアであり、それまでのカテゴリにうまく分類できない製品だったと言えます。

近年では「iPhone がスマートフォンというカテゴリを開拓した」例があります。iPhone が出てからはしばらくのあいだ、Android 端末だろうと「iPhone」と呼ばれていたことが記憶に新しい人もいるのではないでしょうか。アクションカメラであるGoProも登場初期、まだ適切なカテゴリのなかった製品分野そのものを代表する製品でした。日本でも据え置きのゲーム機はみな「ファミコン」と呼ばれていた時期がありました。カテゴリを開拓するような新しい製品は、そのカテゴリそのものの名前になります。

よいアイデアは最初理解されづらく、適切に当てはまるカテゴリもありません。しかしこれまで顧客すら気付いていなかった、しかし本当に求めていた新たなカテゴリが見つかれば、そのアイデアは急成長することができます。

■よりよいものではなく「異なるもの」を

そうした新しいカテゴリの製品は、これまでに比べて「よりよいもの」ではなく、既存のものと「異なっているもの」であることが多いのが特徴です。

スタートアップの製品は従来のものに比べて、性能で10倍、もしくはコストやかかる時間で10分の1を実現する必要があると言われます。それぐらいの差がなければ、スタートアップという信用のない会社の製品を使ってもらえません。

そんな「桁違いの何か」をやろうと思ったら、何かを少しよくするのではなく、領域を絞った上で、従来とまったく違うやり方を考えたほうが実現しやすくなります。

たとえばAmazonに約650億円で買収された、物流事業を手がけるKiva Systemsは、それまで避けられないと思われていた「物流センターで人が移動しながらピッキング作業や物の持ち運びをすること」を問題として捉え、それをロボットという、2003年の設立当時からすると「狂ったアイデア」で解決しようとしました。しかもロボットが人のように取りに行くのではなく、ロボットが棚の下に入り込み、商品の載った棚を乗せて人のもとに持ってくるようなやり方で、です。普通はそこで、どうやったら効率的な棚の配置をするかや、小型のセグウェイのようなものを使って人間の移動を速くする、などを考えるでしょう。しかし彼らは棚自体を動かすことを考えました。

彼らの行った「異なる」手法では、ロボットが最適な位置まで商品を運んできてくれるため、集荷作業全体が速くなったほか、人は動かずにすむので通路の面積がこれまでより小さくなり、倉庫全体の面積を大きく減らすことを実現しました。そうして桁違いの効果を生み出したという事例です。

また海岸でよく見るコンテナもこうした「異なる」手法を採用した例と言えそうです。

コンテナが登場する以前、たとえば60年代までは、陸から運ばれてきた多様な形状の荷物を「バランスよく積み込むこと」が海運会社の競争優位とされました。

そこにきてコンテナが登場しました。コンテナを用いることで陸上の運送から海上の運送の間で必要だった、「バランスよく積み込むこと」自体をなくし、陸海の運送をシームレスにつなげることができました。その結果、既存企業の競争優位性だった「バランスよく積み込むこと」そのものを無効化したのです。彼らは陸運から海運までの垂直統合を行い、コンテナの規格を有効化したことで、全く「異なる」手法を実現しました。これは海運だけを見ていては、いつまでも思いつかないような解決策です。

このように、何かをよくするためには、単なる改善ではなく、やり方そのものを考え直してみる、ということが一つのブレイクスルーのきっかけになります。

■「反領域的な課題」へおもちゃのような解決策を

ピーター・ティールは「秘密を探すべき最良の場所は、ほかに誰も見ていない場所だ」と述べています。

MIT Media Lab 所長の伊藤穰一の言葉を借りれば、こうしたほかに誰も見ていない領域のことを「反専門性（アンチ・ディシプリナリー）」と呼べるのかもしれません。彼はこのことについて、自身のブログで以下のように説明しています。

「インター・ディシプリナリーな研究とは、さまざまな分野の人々が共同で研究を行うことを指します。しかし、アンチ・ディシプリナリーはそれとは大きく異なるものです。その目的は、既存のどの学問領域にも単純には当てはまらない場所で研究を行うこと――独自の言語や枠組み、手法を持つ独自の研究分野です」

さらに『Science』に掲載された論文「Atypical Combinations and Scientific Impact」によれば、最もよく引用される論文の多くは反領域的な、つまり従来の領域には属さない研究だったそうです。

グーテンベルクが活版印刷機を発明できたのは、ぶどう圧搾機を見て、それが印刷に使えることを思いついたからと言われています。別のところで発達した知識やツールを他の領域に応用するような反領域的な試みは、新しいイノベーションのきっかけとなり得ます。

そして反領域的な課題や技術にスタートアップが攻め入るメリットはいくつかあります。

一つ目に、まだはっきりとした領域ではないため、市場規模は測定できず、計画性を重視する大企業は参入しづらいという点。そして二つ目には、課題がまだ解決されず残されているため、解決策はおもちゃのようなものでも十分に効果を発揮する、という点です。

先ほど登場した活版印刷機も、グーテンベルクが発明したものは写生と比べて多少速く印刷する程度だったと言われており、おそらく当初の他の会社や組合は、それを「おもちゃのようなもの」と嘲り笑っていたに違いないと思います。しかしそれでも特定の一部の人達にとっては有効な解決策だったからこそ、最初の販売に成功し、その利益でさらに進歩を繰り返し、人類の知識の蓄積と伝達の可能性を一気に広げました。

第2章で詳述しますが、ピーター・ティールは「新しい価値を作って、それを独占しろ」「小さな市場から始めろ」という言葉を繰り返します。それを読み替えれば、反領域と呼べるような、新しくも小さな領域を積極的に切り開くことこそ、スタートアップが新たな価値を作って独占し、急成長を遂げるための要諦ではないでしょうか。

■今はまだ「名状しがたい何か」

こうした反領域的な課題や説明しにくいアイデアを探すためには、一時的な流行ではなく、世界中の多くの人が今見落としているアイデアを見つける必要があります。しかしそれでも多くの人たちは一時的な流行を追いがちです。それはベンチャーキャピタルのような投資家も同じです。

Facebook の大成功の兆しが見えていた08年ごろは、皆がこぞってSNSを立ち上げ、「次の Facebook」を狙った投資家もたくさんの投資をしました。

しかしその頃に登場し、本当に成長したスタートアップは、Uber や Airbnb といったシェアリングエコノミーに類するスタートアップでした。そして彼らの成功が目に見え始めた12年前後には「○○版 Uber」といったシェアリング系サービスが続々と出ましたが、17年の今からそれを振り返れば、そうした後続サービスのほとんどは急成長できていません。

現在 Y Combinator の社長を務めるサム・アルトマンは、自身の投資経験を振り返って、「流行のアイデアを基にしたスタートアップへの投資は一つの例外を除いてうまくいかず、逆に他の投資家が断ったようなスタートアップへの投資のほうがよい成果を出している」と告白しています。本当に急成長するのは、やはり皆が探していない何かだと言えそうです。それはおそらく未発見の領域で、今はまだよい名前がないものなのでしょう。

逆に言えば「今はまだ名状しがたい何か課題のようなもの」に積極的に手を出し、誰も見ていない領域の課題や解決策に取り組んでみることが、急成長するための一つの手段であるとも言えます。 自分自身でもまだ名前をつけられていなくても、試行錯誤する中で、解決したかった課題の概念をようやく把握できる、そんな挑戦が急成長するアイデアを見つけるためには重要です。

■考え出すのでなく「気付く」

ポール・グレアムはスタートアップのアイデアは「考え出す」のではなく「気付く」ものだと言っています。それはつまりスタートアップとは、無理やりひねり出すアイデアから始めるのではなく、自分の経験から有機的に生まれてくるものから始めるべき、ということです。これも反直観的ですが、非常に重要な指摘でしょう。

ただし、この指摘にはやはり難しい点があります。それは、仮にアイデアに気付いたとしても、**自分が物凄いアイデアに気付いた、ということまでは気付けない**かもしれないということです。

たとえばAirbnbの「他人の家に泊まる」という仕組みは、創業者本人たちにとっては普通のことだったかもしれませんが、他人からすればまったく普通ではありませんでした。自分たちにとってあまりに自然であるからこそ、そのアイデアのよさやアイデア自体に気付きにくいということがあります。

こうした状況について、「優れたアイデアはしばらく後になって、他人が見逃している重大なアイデアであることに気付く」と表現されます。言い換えると、「ほかの人からすれば後から考えれば当然だと感じるものだけど、思いつかないもの」となるでしょうか。

近年流行しているチャットツールのSlackは、今やメールの代替として機能しつつあります。それは創業者が、あまりにも膨大な量のメールが届く状況下にあって、そのシステムがもはや破綻していることに気付き、さらにメールをチャットで置き換えられることに気付いたところから始まったと言えます。今から思えば当然のようにも思いますが、当時それらに気付いた人はほんの僅かだったはずです。

似たような話として、「飛びぬけて頭のよい人が週末にやっていることが、10年後の普通になる」と言われます。インターネットやスマートフォンといったものはまさにその典型例です。インターネットやスマホは、科学者やギークしか使っていなかったものでしたが、急激に一般の人たちに使われるようになりました。そうした人たちには当然のようにそこにあって、でも多くの人はそれに気付いていないことは世界中にあふれています。

経営学の始祖と呼ばれるドラッカーは「イノベーションに対する最高の賛辞は、『なぜ、自分には思いつかなかったか』である」という言葉を残しています。そうした気付きは今もまだ多く自分たちの周りに転がっているはずです。

まとめてみると反直観的ではありますが、急成長するスタートアップのアイデアは考えようとしてはいけない、ということです。アイデアは考えるのではなく、気付く必要があります。だからまずは自分の体験やまわりの人たちのやっていることに注意を払ってみる。それがスタートアップのアイデア探しの方法だと言えます。

■急速な変化は「徐々に始まる」

ここでの「気付く」という言葉は非常に重要なものなので、別の視点からこの言葉を吟味したいと思います。

スタートアップの成功を左右する要因に、「急成長する市場を選ぶ」というものがあります。しかし急成長する市場の選択は非常に難しい判断が求められます。**なぜなら急激な変化とは徐々に始まるものであり、数字にはなかなか現れにくいものだからです。**

たとえば今は10人で、毎週10％ずつ成長するコミュニティがあったとします。

計算上、次の週は11人、そしてその次の週は12人になり、1ヶ月後には14人になります。

1ヶ月でたった4人しか増えておらず、その変化はほんのわずかでゆっくりのように感じます。

▶図３　急速な変化はどう進む？

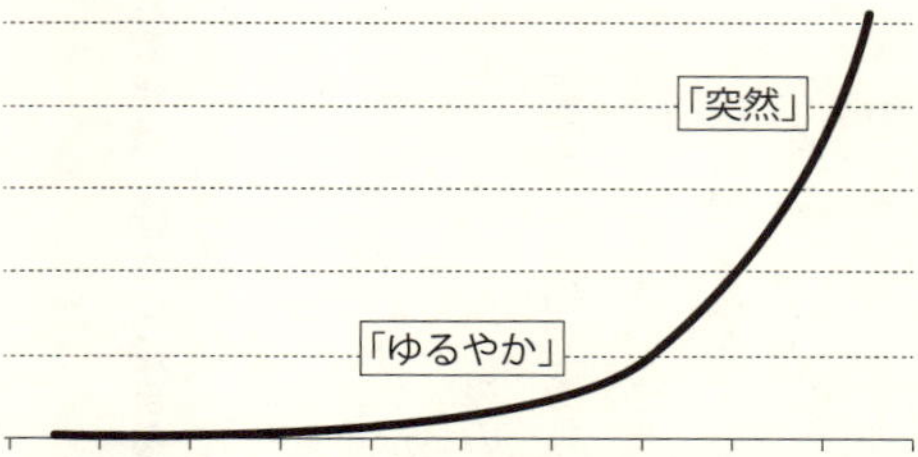

出典：「Exponential curves feel gradual and then sudden」
http://cdixon.org/2015/05/12/exponential-curves-feel-gradual-and-then-sudden/

しかしこの成長が1年続けばどうなるでしょうか。1年後、つまり52週間後にはコミュニティは１４００人を超えます。２年続けばなんと約20万人に、３年続けば、約３０００万人のコミュニティになります。そうなれば、これはコミュニティどころか、一つの市場です。

こうした非線形的な変化や指数関数的な変化は、最初ゆっくり、そして後から振り返ってみれば、急激な変化のように感じられます。金融における複利の効果が人間にとって直観的ではなく分かりづらいように、小さな変化が積み重なることで「一挙に変わった」ように感じる、これも反直観的な出来事として映ります。

もちろんこれは理論上の話だけではありません。実際にこのような変化はビジネスの世界でしばしば起きています。

たとえばカメラの台数は図４のように、この数年で急激に伸びています。主にスマートフ

▶**図４　カメラの台数の伸び**

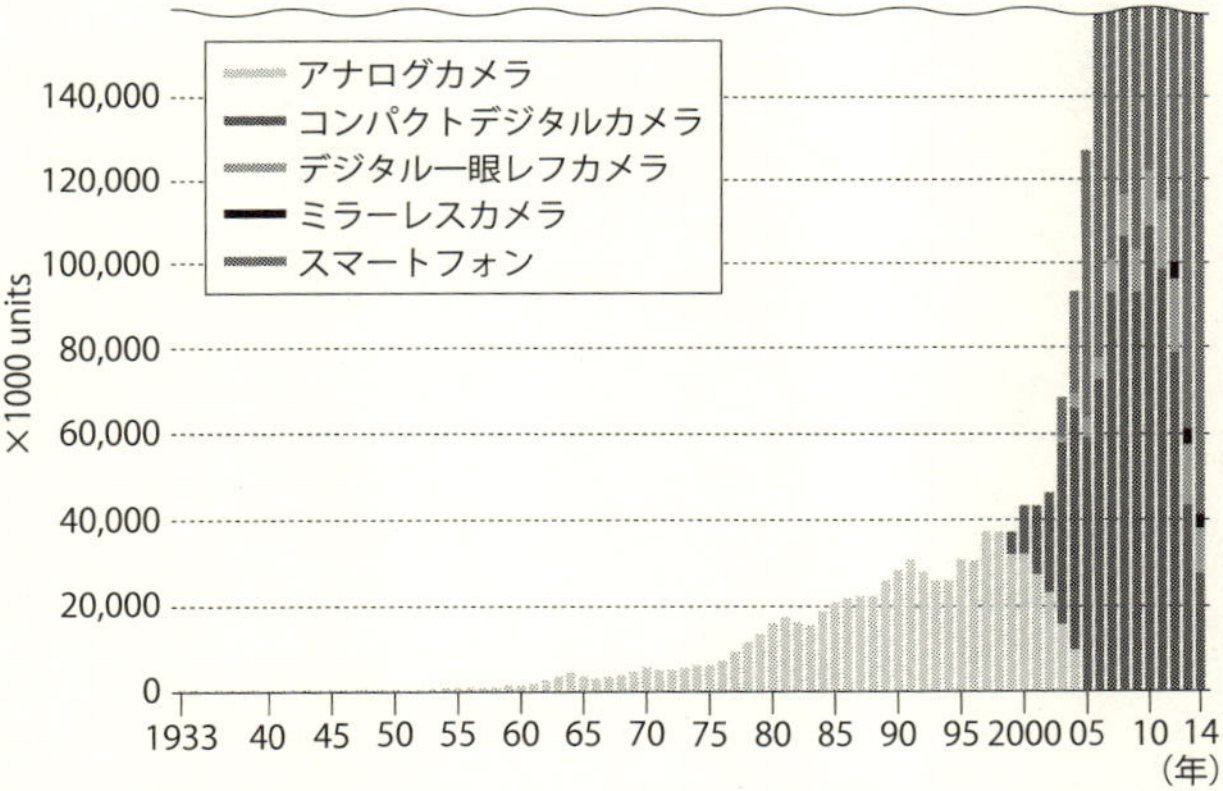

出典：Michael Zhang、「This is What the History of Camera Sales Looks Like with Smartphones Included」、http://petapixel.com/2015/04/09/this-is-what-the-history-of-camera-sales-looks-like-with-smartphones-included/

ォンに載っているカメラがこの数字を引き伸ばしていますが、この台数の増加は我々の直観に反する伸び方をしています。

このグラフを対数にせずに表示すれば、次ページの図５のようになるでしょう。

こうした変化に、08年という変化の初期の時点で気付いた人は、写真アプリなどを開発することで大きな富を得ることができました。その例がInstagramやSnapchatといった写真加工アプリでしょう。

指数関数的な変化もまた、直観に反します。だからこそ、目の前のデータだけを見て考えるのでなく、いち早く変化の兆候に「気付く」ことが大切です。

▶図5　カメラの台数の伸びについて対数を用いずに表現すると

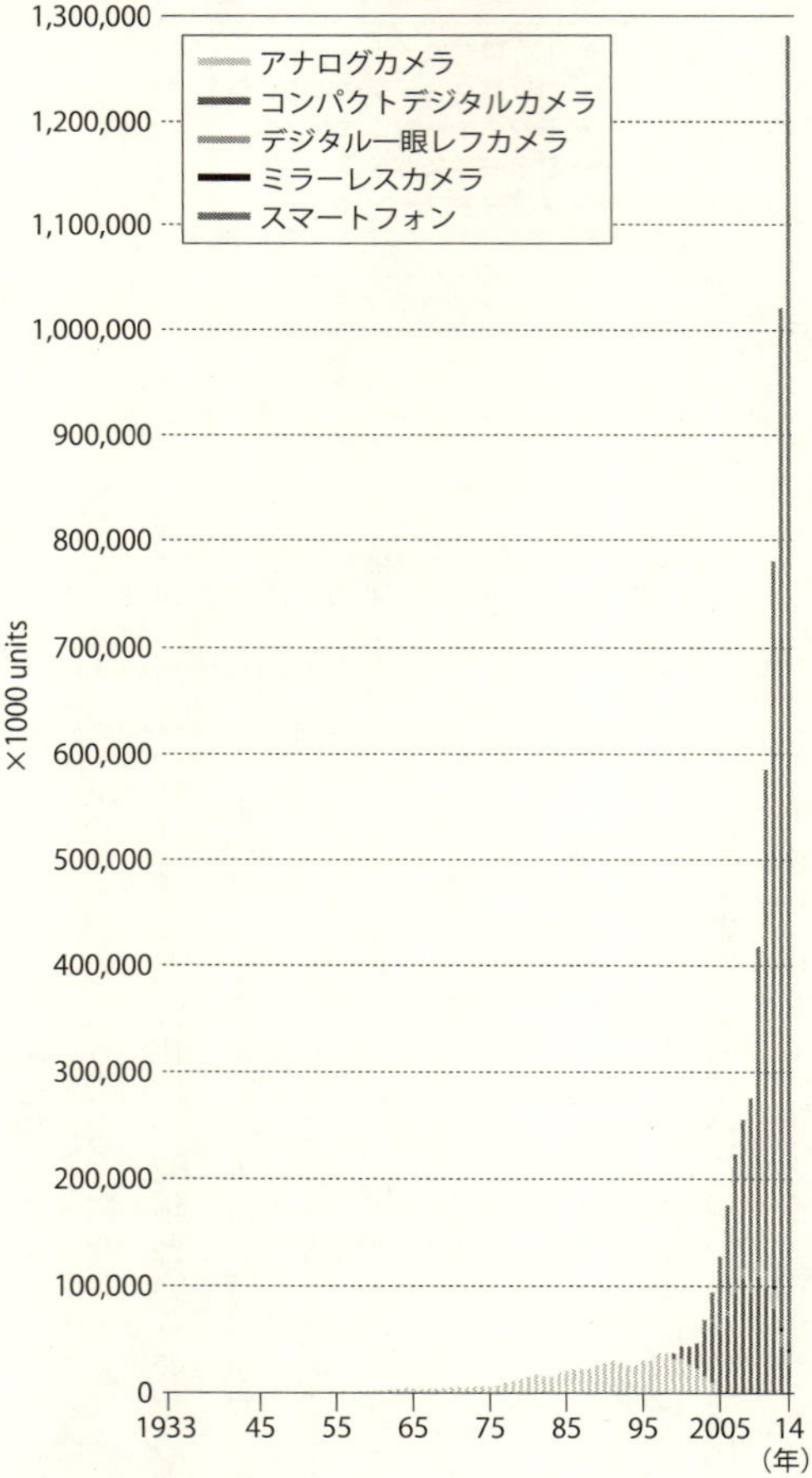

出典：図4と同

■「Why Now?」

初期のスタートアップが投資家へプレゼンテーション、つまりピッチする際には「Why

This?」「Why You?」、そして「Why Now?」という問いに答えられるようにしておくべき、と言われます。前から「なぜこのアイデアなのか」、「なぜあなたたちのチームならそれが実現できるのか」、そして「なぜ今なのか」、です。

数々の優良なスタートアップに投資してきたベンチャーキャピタル、セコイア・キャピタルは「2年前でもなく2年後でもなく、なぜ今なのか」という質問をすることで有名です。これはつまり「Why Now?」です。またインキュベーターであるIdealabが様々な製品を分析した結果、その成功にもっとも重要な要因はタイミングであると結論づけています。

急激な変化がこれから起こることを予期できるのは、市場分析や誰もが納得するような理論などではなく、自分自身の気付きです。そして「Why Now?」に対し、今始めなければいけない理由を、そうした気付きを通して答えられなければなりません。今始めたからこそ、短期間で急成長できるもの。そうした急激な変化の予兆は、投資家よりも起業家のほうが早く気付けるものです。

■着目すべきは「劇的に変化するテクノロジ」

現代社会において、短期間で大きく変わる可能性を秘めているのはテクノロジです。

この数万年から数千年にかけ、テクノロジの進歩はとてもゆっくりしたものでした。たとえば石斧は、実に100万年以上、ほとんど変化が起こらなかったと言われています。また『WIRED』の創刊編集長であるケヴィン・ケリーが著書『テクニウム――テクノロジーはどこへ向かうのか?』(服部桂訳、みすず書房)で指摘したように、水車は1年に一度進歩するようなものではなく、鉄の強度が10年に一度増すこともなく、トウモロコシの収穫量が数年で劇的に増えることは、これまでありませんでした。

しかし今は違います。それこそ日進月歩のスピードでテクノロジは変化をしています。その中でもスタートアップが着目するべきなのは、単に最新のテクノロジというだけでなく、急激に変わりつつあるテクノロジとなります。

特に、

1 性能

2 コスト

3 サイクルタイム

の三つの面に注目するべきだと、Y Combinator のサム・アルトマンは指摘しています。

たとえば、かつて性能が指数関数的に変化していたのは半導体でした。「ムーアの法則」では「集積回路上のトランジスタ数は18ヶ月ごとに2倍になる」とされ、実際に2年で約2・5倍、5年で約10倍、10年で約100倍に増えることで、性能も劇的に向上しています。その結果、高い計算能力を持つスマホが手のひらに収まるようになりました。需要に応じてコストも安くなり、今や世界中で数十億人がスマホを所有しています。そして先程のグラフのようにカメラの台数も増え、また撮られる写真の枚数が激増しています。さらにスマホによって購買活動も変わり、今や多くのオンライン購買活動がスマホで行われるようになりました。

こうした技術によって私たちの生活様式は大きく変わりました。ここまでの変化を10年前に予想できていた人はどの程度いたでしょうか。

ここ数年ではバイオテクノロジを使ったスタートアップが注目を集めています。その背景の一つにあるのは遺伝子情報解析のコストの劇的な低下です。そのコストはこの10年で「ムーアの法則」を超える勢いで下がっています。

同様に各国政府のクリーンエネルギー推進の方針も相俟って、太陽光発電のコストが年々

▶図 6　遺伝子情報解析のコスト変化

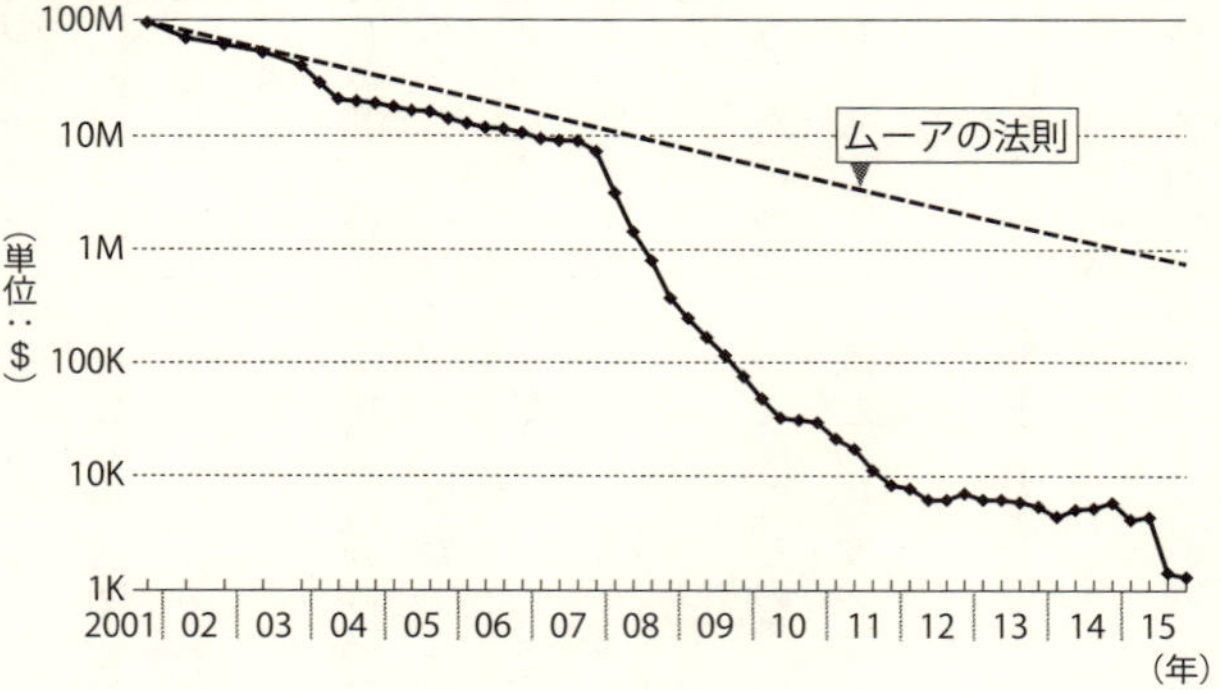

出典：「National Human Genome Research Institute」、https://www.genome.gov/sequencigcosts/

安く、効率がよくなっており、クリーンエネルギーの分野のスタートアップも改めて注目を集めています。

テクノロジが安価になるメリットとして、それが挑戦を促すという面があるでしょう。何かが安価になればなるほど、人はそれを使い、より安価に失敗できるようになります。つまり挑戦の数を増やすことができるのです。

この影響は心理的な面でも大きく、安価であればあるほど、無茶な使い方ができるようになります。壊れれば買い直せばよい、という安心感が挑戦を促進する結果、普段想定されていない用途で使うことも始まり、それがまた新しい領域を切り開くこともあります。

たとえば、グーテンベルクがぶどう圧搾機

を応用しようと思いついたのは、ワインの醸造場がそこかしこにあり、そこで圧搾機が使われているのを見たからと言われています。

圧搾機がそうした広がりを見せたのは、それが安価になったことが一つの要因であると言えるでしょう。さらに、グーテンベルクが開発のために圧搾機を多少壊しても、代わりのものがすぐに手に入る、という環境であったとも言えます。そうした環境が印刷技術の発明を支えたのです。

■インベンションから「イノベーション」へ

こうしたテクノロジの進歩や発明の過程には、それをこれまでのものよりもよくするための、ある種「狂ったアイデア」が含まれています。そのため、最新テクノロジを活用したアイデアは、それ自体がよいスタートアップになる可能性を秘めています。

しかし多くの場合、テクノロジの進歩だけでスタートアップが成功できるわけではありません。**スタートアップとして成功するには、進歩したテクノロジで解決できる大きな課題と、そのビジネスを維持できる優れたビジネスモデルも必要です。**

スタートアップには、桁の違う性能や桁の違うコストの削減ができるような製品が求められると先述しました。たとえば近年、音声認識技術の精度は劇的な進歩を遂げていますが、それをどう使えば桁違いの成果が出るのかは、取り組む課題によって異なるでしょう。

これはある意味で、技術という答えが先にあり、「答えが問いを待っている」状態と言えます。

イノベーションは日本語で「技術革新」と訳されます。しかし実際には、イノベーションは社会的意義のある新しい価値を生み出し、社会に大きな変化をもたらすことを期待されています。そして単なるインベンション、つまり「発明」だけでは誰にもその成果が届かず、社会に新しい価値を生み出さないことも、十分にあります。

一方、「必ずしもイノベーションに技術は必要ない」とも言われますが、しかし多くのイノベーションは技術の進歩をベースにしていることも確かです。**そして一部のイノベーションは、技術という答えが先にあって、その技術で解決できる問いに「気付く」ことでその価値を発揮することがあります。**

たとえばレーザーは最初、特定の目的のために作られましたが、今やその原理はCD、視力の矯正、顕微鏡手術といった様々なところに応用されています。レーザーの原理を発見したとされるチャールズ・タウンズは、その発見の半世紀後のインタビューで、「レーザーがこれほどまでに使われることを想像していたか」と訊ねられたところ、「私は単に光線を分割するためだけにやっていただけだ」と答えたそうです。

近年の機械学習の進展の一部も、かつてはゲームのために進歩してきたGPUが、自分たちの計算に役立つことに気付いた人たちが応用し始めたとも言えます。

このように発明当時には見えなかった応用可能性が、後から生まれることは多々あります。つまり、どうやってその技術を本来とは異なる用途で応用するか、といったところにもスタートアップのアイデアが潜んでいると言えます。

インベンションにとどまらず、そこからどのようなイノベーションや新しい価値を引き出すことができるか。そうしたことを考えるのも、スタートアップのアイデアに気付くために必要な考え方だと言えるでしょう。

■スタートアップは「べき乗則」である

アイデアの章では最後となる反直観性、スタートアップの持つ「べき乗則」という特徴について説明します。そのことを理解するために、ここでスタートアップ一社一社の成功例ではなく、ベンチャーキャピタル流に、少し広い視点でスタートアップ業界全体を見てみたいと思います。

ベンチャーキャピタルとは、スタートアップへ投資する代わりにその会社の株を貰い、スタートアップが成長した後に、価値の上がった株を売ることによってリターンを得るという金融業です。

簡単に言って「数多くのスタートアップの中から、どのスタートアップが成功するか」をいち早く見極めて、そうした会社に投資することがベンチャーキャピタルの仕事です。そこで重要になってくる観点は、スタートアップの成功とは反直観的な分布の仕方をする、という点です。

通常の競争というものは、1位と2位、そして3位らが僅差でゴールすることが普通です。**しかしスタートアップの場合、この1位と2位の差が数十倍にもなります**。そして1位を引き当てたときの投資へのリターンは、投資額に比べて非対称的に大きくなります。この非対称的な現実と一般認識は図7のように大きくズレる傾向にあり、これがスタートアップの反直観性の一つの要素です。

2012年にピーター・ティールが投資したFacebookが上場しましたが、彼はこの企業への投資で実に1000倍以上のリターンを生み出しています。

そして驚くべきことにFaceook一社の上場によって生まれた利益とは、その年のベンチャーキャピタル業界全体の利益の35％に相当するほど大きいものでした。さらに、２００９年から２０１４年のリターンにおいても、Facebook一社が飛び抜けていることが分かっています。

▶図7　スタートアップにおいて投資リターンと企業格差は「べき乗則」の関係にある

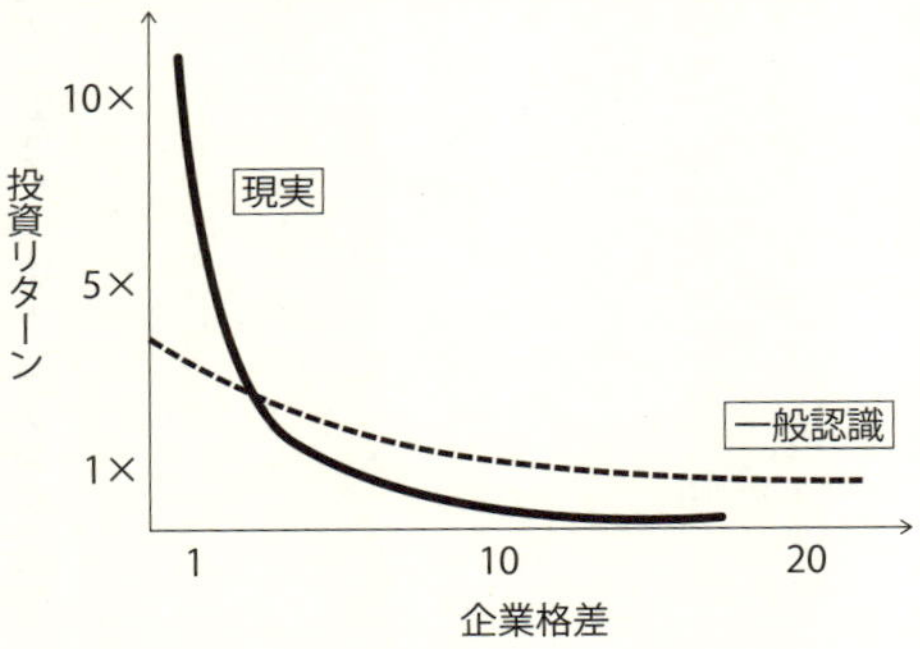

そもそも年間のベンチャーキャピタル業界全体の利益のほとんどは、わずか十数社がもたらすと言われます。

スタートアップの成功は基本的には外れ値であり、異常値です。ベンチャーキャピタルが優れた投資リターンを得るためには、そうした外れ値を叩き出すスタートアップを見つけ出さなくてはなりません。特にスタートアップの初期のステージに投資をするようなベンチャーキャピタルの人たちほど、「外れ値」を狙う傾向が強いと言っていいでしょう。

つまり、ベンチャーキャピタルはヒットを狙うビ

ジネスではなく、ホームランを狙うビジネスなのです。

ベンチャーキャピタルの言う「成功」とは、投資のヒット率ではありません。失敗の頻度より、正しかった時の成功の大きさが重要であり、「失敗を気にせずに大振りをしなければいけない」ビジネスです。つまり、ホームランを打つことだけが重要で、ヒットや三振は彼らにとって意味をなしません。そうした現象をもって、ベンチャーキャピタル業界には「ベイブ・ルース効果」があると言われています。有名な野球選手であるベイブ・ルース選手が、三振が多くヒットは少なかったものの、ホームランが多かったことから、この名前が付けられています。

Twitter に投資したことで知られるユニオン・スクエア・ベンチャーズは、自社のファンドで21の投資をしたうち、９個の投資が失敗しており、その投資した分のお金をほぼ失ったというデータを開示しています。

ただし成功した残り12の投資では、上から順に１１５倍、82倍、68倍、30倍、21倍のリターンを得ています。それぐらい途轍もない大きさのリターンが発生するときには、失敗率はどうでもよくなります。

言い換えれば「そこそこのヒットを頻度よく狙う投資ではなく、ただただ大きく世界を変えうるものにしか投資しない」というのがベンチャーキャピタルの世界では正しい投資、という反直観的な結論がここからは導かれます。

実際、よいリターンをだしているベンチャーキャピタルはホームランの数も多いものの、空振り、つまりリターンがほとんどないか、マイナスになる投資が多いというデータもあります。

■ヒットではなく「ホームラン」

こうした非対象性からのスタートアップ側への示唆とは、もしベンチャーキャピタルから資金を調達し、一気に成長するようなビジネスをしたいのなら、大きく化けるかもしれないビジネス、つまりホームランを狙えるビジネスを考えるべき、ということになるでしょう。ヒットを狙えるビジネスプランを持っていってベンチャーキャピタルに投資を求めても、なかなか首を縦に振ってはくれないはずです。

そしてホームランを狙う意義がもう一つあるとすれば、そのほうがよい投資家から支援を得られるから、ということです。

よい投資家であればあるほど、スタートアップへの投資における反直観性を理解しているため、最終的に大きく跳ねそうな対象にしか投資をしません。逆に悪い投資家ほど、スタートアップの反直観性を理解していないため、そこそこ当たりそうな、ヒット狙いの対象へ投資しがちです。

よい投資家に投資してもらうことはスタートアップの成功確率を上げますが、悪い投資家に当たったときは経営をかき乱され、悲惨なことになりかねません。

こうした観点から、スタートアップは本来的な意味でのベンチャー的アイデア、言い換えると、「ホームランを狙ったアイデアのほうが成功しやすい」という反直観的な結論が導き出されます。

もちろん、これはベンチャーキャピタルのような投資家からお金を受ける時の話です。合理的なアイデアや、高い確率でヒットが狙えるビジネスをするのであれば、話はまったく別で、銀行からの融資などを考えたほうがよいでしょう。

しかしもし短期間で急成長を狙うようなビジネスであるならば、それも初期であればあるほど、成功時の大きさという反直観性を意識してアイデアを考えるべきだと言えます。

■「ビジョン・ミッション・ストーリー」の重要性

ここまで話してきた内容を整理すれば、スタートアップのよいアイデアはみな反直観的であり、まわりの理解を得難いものである、ということになります。

ある側面から考えれば、「起業家は孤独であれ」ということになるでしょう。あるいは「正しく孤独を楽しめ」ということになるかもしれません。

繰り返しますが、スタートアップとしてよいアイデアは、数多くの否定を受けることになります。だからこそ、まわりから何を言われようと、自分が続けられるようなアイデアであるかどうか、そしてそこにどうしても達成したいビジョンやミッションがあるかどうかといった拠り所が、スタートアップを手がける人に必要になってきます。

真摯に周囲のアドバイスを受け止め、場合によっては進む方向を修正しつつ、それでもコアの部分だけは粘り強く信じ続けることが必要になるでしょう。実際に多くの起業家はそうした困難を乗り越えてきています。

今、世界で最も尊敬されている起業家の一人であるイーロン・マスクは、宇宙開発事業を手がけるSpaceXを２００２年に創業しています。創業当時、火星への入植計画を民間企業が行うということに賛同する人はほとんどいなかったでしょう。

電気自動車のTesla Motorsは２００３年に設立されましたが、その当時、電気自動車や自動運転に関して真面目に語っている人がいたら、多くの人がバカにしていたはずです。しかし他人からバカにされることを引き受けて、その後、十数年粘り続けることができたからこそ、今の成功があります。

人類初の有人飛行を実現したライト兄弟もその例と言えます。彼らが初めて有人飛行を実現したとき、翌日の新聞は彼らのことを一切取り上げませんでした。さらにその翌日もその翌日も、彼らの偉業を取り上げる新聞記事は一向に出てきませんでした。彼らの偉業を初めて取り上げた新聞の発行は、今のところ確認できている範囲では、飛行を実現してから3年後となっています。

その間、彼らは何をしていたかと言えば、各地を回って有人飛行のデモをしていました。「本当に有人飛行は可能だ」ということを、ヨーロッパやアメリカをまわり、体験をしてもらいながら出資者らへの説得を繰り返していたと言います。

ライト兄弟はスタートアップで言うところの「スケールしない」こと、つまり無理にユーザーを増やすのではなく、あくまで飛行機の意義や、実際にできるということを見せてまわっていたそうです。そうして初期の顧客と、動力飛行機の素晴らしさを伝えてくれるエバンジェリストユーザーを捕まえていました。

偉大な発明であっても、最初はまったくその価値が見出されない事例はほかにも数多くあります。

ラジオについては「知らない相手にメッセージを送るだけの商業的価値がない装置」と当時の投資家たちから評されています。電話も最初は価値がないと見なされていましたし、「馬のない馬車」、つまりガソリン自動車も発明当時に議会でこき下ろされています。

さらにベル研究所で発明されたトランジスタについては、発表が「ラジオに関するニュース欄」に追いやられ、わずか4パラグラフの記事でしか取り上げられていません。進化論についての論文をダーウィンが発表した年の終わり、リンネ協会の会長は「衝撃を受けるような発見はなかった」というコメントを残しています。かのビートルズですら、その初期に「ギター音楽は時代遅れ」だと評価されたことがありました。

スタートアップで言えば、Googleは初めての資金調達を行うまでに350回のピッチ（投資家へのプレゼン）を行いました。つまり、それまではずっと断られ続けていました。同様に、オンラインコミュニケーションツールのSkypeは40回、コンピュータネットワーク機器を作るCiscoは76回、オンラインラジオのPandoraは200回、それぞれ最初の調達までにピッチを繰り返し、ずっと失敗していました。しかし彼らは諦めなかったからこそ、投資家からお金を預かり、そしてその後事業を大きく成長させることができました。

このように科学の世界でもビジネスの世界でも、何度失敗しても諦めなかったからこそ、その後の栄華を築いた事例は多くあります。実際、トレンドに頑固なまでに逆らってぶれない会社ほど上場企業になる可能性が高い、という研究結果もあります。

ポール・グレアムは起業家の重要な資質として「Relentlessly Resourceful（粘り強く、臨機応変であること）」を挙げています。スタートアップでは必ず悪いことが起こります。しかもスタートアップを経営していると、ジェットコースターのように目まぐるしく状況が変わります。そんな状況に対して柔軟かつ臨機応変に対応しながら、基盤となる信念をぶらさずに解決策を探し続けるような資質が起業家には必要とされます。

信念がないまま状況に対応してしまうと、単に右往左往してしまうだけになってしまいます。事業の重要な部分で粘り強くあり続けるためにも、ビジョン、ミッション、ストーリーという拠り所は起業家にとって必要になってきます。

そしてそのビジョンやミッション、ストーリーといったものは自分を助けてくれるだけではなく、先述の通り、自分のスタートアップに多くの人を巻き込むための原動力にもなってくれるはずです。

もちろん単に悪いアイデアからは早く撤退するべきです。しかし多くの起業家は「あまりにも早く諦めてしまう」とサム・アルトマンも指摘しています。

■「未来の仮説」としてのスタートアップ

本章では、どのようなアイデアが、スタートアップとしてのよいアイデアとされるか、ということについて解説しました。

これらを乱暴にまとめて「時代に逆らって逆張りをする」と捉えた人がいるかもしれません。しかし本書でお伝えしたいのは、「スタートアップという領域に限定すれば、それなりに上手い逆張りの仕方がありそうだ」ということです。

世界にはまだ隠れた秘密が残されている、という起業家の楽観的な信念から始まるスタートアップのアイデアは「誰も信じていないけれども、自分たちだけが信じる未来についての仮説」とでも呼ぶことができます。

今はまだ誰も信じていないからこそ、予測が当たれば、そのリターンは大きくなります。それはたとえば「これからはこのテクノロジが流行る」といったものや「社会や世界はこうなるべきであり、それが今ならできる」といった、未来の仮説です。

Gmailや、SNSサービスであるFriendsterの開発者で、Y Combinatorにも深く関わるポール・ブックハイトは「未来に生きて、欠けている物を作れ」と起業家たちに言っています。ピーター・ティールは「今から10年から20年先に、世界はどうなっていて、自分のビジネスはその世界にどう適応しているだろうか」、「誰も築いていない、価値ある企業とはどんな企業だろうか」と自問するべきと述べています。

あなただけが信じる未来の仮説とはいったい何でしょうか。

その答えがきっとあなただけのスタートアップのアイデアになるはずです。

この章のまとめ

- スタートアップは不合理なアイデアのほうが合理的です。悪いように見えて実はよいアイデアを探す必要があります。ただし悪いように見えるアイデア、そのほとんどが単に悪いアイデアであることには注意してください。
- 難しい課題や面倒な課題のほうがまわりから支援が受けられたり、競合がいなかったりするので、結果的には簡単になります。だからこそ社会的にインパクトの大きい課題を選ぶことをお勧めします。

■本章で解説した内容は、あくまで短期間での急成長を狙うためのアイデアについてのものであり、すべての事業に当てはまるわけではありません。

コラム　アイデアのチェックリスト

「悪いように見えて、実はよいアイデアかどうか」を検証するためのチェックリストとして、参考になりそうな投資家や起業家の発言を以下に列挙してみました。あなたのアイデアがそのすべてに答えられる必要はないと思いますが、検証の一つの指針にはなるはずです。

▼アイデア

1 悪いように見えて、実はよいアイデアですか（サム・アルトマン）
2 賛成する人のほとんどいない、自分だけが知っている大切な真実を前提としたアイデアですか（ピーター・ティール）
3 自分しか知らない秘密を使ったアイデアですか（クリス・ディクソン）
4 週末に頭のよい人達がやっているようなアイデアですか（クリス・ディクソン）
5「私はどんな問題を解決すべきなのか」を考える代わりに、「誰かが解決してくれるな

ら、どんな問題を片付けて欲しい？」と考えてみましたか（ポール・グレアム）
6 誰も築いていない、価値ある企業とはどんな企業でしょうか？（ピーター・ティール）

▼検証

7 そのアイデアは考え出した（think up）ものではなく、気付いた（notice）ものですか（ポール・グレアム）
8 アイデアよりも人に注目して、特に病的なまでに活気にあふれていて独立心旺盛な人に注目して気付いたアイデアですか（ポール・グレアム）
9 なにかを模倣したようなアイデアではないですか（ポール・グレアム）
10 人にアイデアを話すときに、多くの場合は理解をしてもらえずに痛みを覚えるようなアイデアですか（バカにされますか）（クリス・ディクソン）
11 アイデアを秘密になんてしていませんか（クリス・ディクソン）
12「Why Now?」の問いに答えられますか。なぜ2年前だと早すぎて、2年後だと遅いのですか（セコイア・キャピタル）

13「Why You?」の問いに答えられますか。他人ではできず、自分しかできない理由は何ですか。たとえばあなたの知的好奇心や専門性があるものですか（ポール・グレアム）
14 自分の直接的な体験から気付いたアイデアですか（クリス・ディクソン）
15 他人やプロからみると、それはおもちゃのようなものですか（クリス・ディクソン）
16 今の社会的規範に反しているように見えますか（クリス・ディクソン）
17 一部の投資家だけにしか刺さらず、多くの投資家からは悪いアイデアだと思われるようなものですか（サム・アルトマン）
18 スタートアップをするために作ったようなアイデアではなく、自然発生的に出てきたものですか（ポール・グレアム）
19 未来を考えたときに、今現在欠けているものであり、未来にあるべきようなものですか（ポール・ブックハイト）

▼**課題**

20 これまで見落とされていたような問題ですか（ポール・グレアム）

21 ミッションを持って取り組んでいる困難な課題ですか（サム・アルトマン）
22 Googleでも他の会社でも、より高給でより高い地位につける人が、20番目のエンジニアとしてあなたの会社を選ぶ理由のあるアイデアですか（ピーター・ティール）
23 そのアイデアの実行は苦行や面倒を伴うもので、だからこそ誰も手を出していないものですか（ポール・グレアム）
24 歯ブラシテスト（一日に利用する歯ブラシの回数である2回を超えて毎日訪問する価値があるようなサービスかどうか）をクリアしますか？（ラリー・ペイジ）

▼技術

25 最新の技術によって、新たに解決できる問題にいち早く気付けたようなアイデアですか（ポール・グレアム）
26 2倍や3倍ではなく、10倍以上といった、桁違いの効率向上やコストダウンを実現できるものですか（ベン・ホロウィッツ）
27 コストやサイクルタイムが急激に変化している技術領域ですか（サム・アルトマン）
28 既存の技術でも、新しい組み合わせによるものであったり、新しい領域に挑むもので

すか（スティーブン・ジョンソン）

▼戦略

29 今はまだ小さな市場から始まるものですか（ピーター・ティール）

30 その小さな市場を独占できますか（ピーター・ティール）

31 急成長している市場ですか（サム・アルトマン）

32 このまま正しく進めていけばどれだけ大きな企業になりえますか（ポール・グレアム）

33 競合がいて、それに対する優位性を語れますか（競合はいない、というのはよくない答えです）（アーロン・ハリス）

34 スケールしないことから始めていますか（ポール・グレアム）

第 2 章

戦略

小さな市場を独占せよ

多くのスタートアップは創業者のビジョンやミッション、アイデアから始まります。そしてビジョンやミッションを実現するために戦略を策定し、その戦略に基づいて製品やサービスが作られます。

スタートアップの戦略は必ずしも最初から決まっているわけではありません。アイデアや製品と同様、顧客とのやり取りの中で気付き、進歩するという性質を持っています。

しかしその一方で、戦略が全くなければ進むべき方向や進み方が定まりません。

一時、スタートアップは戦略を持たずに、ただただ早く失敗し、事業をピボット（転換）して、その中で戦略を定めていけばよい、という風潮もありましたが、最近では戦略の重要性が再認識されています。

そして近年、急成長を目論むスタートアップがどのような戦略を構築してきたか（それが計画的にせよ、結果的にせよ）、という知見が溜まりつつあります。ただ、戦略にもスタートアップとは切っても切れない関係にある、反直観的な考え方がいくつか存在します。

そこで本章では、スタートアップに適用できるであろう、反直観的な戦略の考え方について解説したいと思います。特にこの章はピーター・ティールの考え方を中心に紹介します。

■競争ではなく「独占」

スタートアップの戦略を考える上で重要なキーワードが「独占」です。

これも反直観的な事実かもしれませんが、スタートアップが狙うべきなのは勝つことでなく、「競争」を避けて「独占」することです。

一般的に競争はよいものだとされています。競争が激しくなった結果、消費者にとってより安く、よりよい商品が提供される、というのは経済学の初歩として教えられます。私たちも一消費者として実感していることでしょう。

しかし企業からすれば、激しい競争は悲惨な結果につながりかねません。激しい競争の下では長期的に利益を出すことができなくなりますし、ひとたび価格競争に陥れば、スタートアップのような小資本の企業ではひとたまりもありません。

そもそもスタートアップにとって、利益率が低い事業を行うことは、あまりよい選択肢ではありません。

スタートアップである以上、一時的に利益が出ないのは仕方がないことです。しかしいつまで経っても大きな利益が出る可能性がないのなら、成長してもジリ貧となり、急速な成長をするための次の一手を打てなくなってしまいます。

一方で、独占できれば高い利益率を得ることが可能です。独占で得た利益は、スタートアップのさらなる進歩の源泉になります。なぜならば、その高い利益率によって、長期的にイノベーションへの投資を続けることができるようになるからです。そしてその投資は、独占をさらに強固なものにしてくれます。

■競争は「偏る」

独占の話に関連した、もう一つの反直観的な事実を紹介します。それはスタートアップにおいては、中ぐらいの利益率を出す企業がほとんど存在しないという点です。

想像するよりも多くの会社が、途方もない利益を上げているか、もしくは薄い利益率の中で生き残っているか、その両極端に位置することになります。**つまり、過当競争が発生するか、もしくは独占するかで、競争環境は二極化しがちなのです。**

そこそこの競争が起こっていて、そこそこの利益を上げている企業が複数いる、という業界はそれほど多くない、とピーター・ティールは指摘しています。そして競争が「競争か独占か」の極端に偏るのであれば、スタートアップはなおさら独占を目指すべきだと言えます。

中途半端な競争をしていては、いずれ激しい競争に巻き込まれ、限界まで利益率が下がってしまい、長期的にイノベーションを起こすことができなくなってしまいます。『競争の戦略』（土岐坤、中辻萬治、服部照夫訳、ダイヤモンド社）などを著書に持つ戦略論の大家、マイケル・ポーターも「企業は競争をしてはいけない」と強調しています。**反直観的ではありますが、「競争に勝つには、どうやって競争から抜け出すか」を考えることが重要であり、持続的に高収益を上げ続けるために必要な考え方です。**

■独占が消費者へ提供する「メリット」

独占とは、消費者からすると悪いことのように聞こえます。しかし単に悪いことばかりが起こるわけではありません。

そもそも独占が起こるのは、他社では叶えることのできない独自の価値を提供するから、結果的に一部の領域を占めるだけとも言えます。あなたの企業しか提供できない価値があり、そこに相対的に安い代替品がないのであれば、プレミアム価格だろうと顧客は喜んで支払ってくれます。独占は、独創的なことをうまくやっているからこそできることです。

また先述のとおり、独占企業は長期的なイノベーションに投資できるため、そこからも新たなイノベーションや優れた人材が生まれやすくなります。

たとえばアメリカのBell System（現AT&T）が電話業務を独占していたあいだ、その研究開発機関であるベル研究所は電話交換機やトランジスタ、情報理論など、現在のコンピュータの基盤となる様々な技術を開発することができました。これも長期にわたる独占から生まれたイノベーションの例です。

現代においてはGoogleやMicrosoft、Facebookといった会社が、その利益をさらに研究開発に費やしています。たとえばGoogleはXというチームで「月に行く（Moonshot）」ぐらい大きな野望を持つプロジェクトを複数個行い、Facebookは世界中にインターネットを張り巡らせるための活動をしています。このように独占企業の多大な利益は、新しいイノベーションを生み、消費者にとっての新しい価値を模索する原動力となり得ます。

利益を継続的にあげるためにも、長期的にイノベーションを起こしていくためにも、スタートアップは独占を狙うべきです。そして独占するためには競争に勝つことを目指すのではなく、独自の価値を、独自のやり方で作り上げる必要があります。

■独占の「条件」

ここまでで独占の重要性を書きましたが、ここからはその独占を実現するための戦略について解説しましょう。

独占のための戦略では、まず何より「素早さ」が重要になります。素早さが必要なのは、他社が参入してくる前に、一気に独占をしなければ、やはり競争に巻き込まれてしまうからです。そして素早く独占するためには、以下のような条件を満たす必要があることをピーター・ティールは挙げています。

1 小さな市場を選ぶこと
2 少数の特定の顧客が集中していること
3 ライバルがほとんどいないこと
4 顧客に刺さり続ける仕組み（stickiness）があること
5 スケールのために必要な限界費用が低いこと

IT分野はこれらの条件を満たしやすく、また規模の経済性を持っているため、結果的に独占を実現しやすいというメリットがあります。また近年のシリコンバレーの隆盛も、「これらの条件を満たしたITビジネスが多かったからだ」とピーター・ティールは指摘しています。

おそらくこの五つの条件の中で最も反直観的なのは「小さな市場を選ぶ」というところでしょう。なぜ一見すれば不合理と感じられる「小さな市場を選ぶ」戦略が、スタートアップには必要なのでしょうか。

それを理解するためには、まず大企業の論理に立ち、彼らの視点からこの戦略を眺めてみる必要があります。

■「イノベーションのジレンマ」を利用する

大企業は予見できるリスクを排除しながら、特に合理性を重視して意思決定をする傾向にあります。そして多くの場合、合理的な意思決定は正しい結果を導きます。**しかし、時にはその合理性が誤った意思決定を引き起こすこともあります。**

それを企業経営の理論として発表したのがハーバード大学のクリステンセン教授らです。その理論は特に「イノベーションのジレンマ」という現象として有名です。

イノベーションのジレンマとはつまり、大企業による「漸進的イノベーション」と呼ばれる、順を追った持続的技術進歩が、ローエンドからいきなり登場する「破壊的イノベーショ

▶図 8　イノベーションのジレンマ

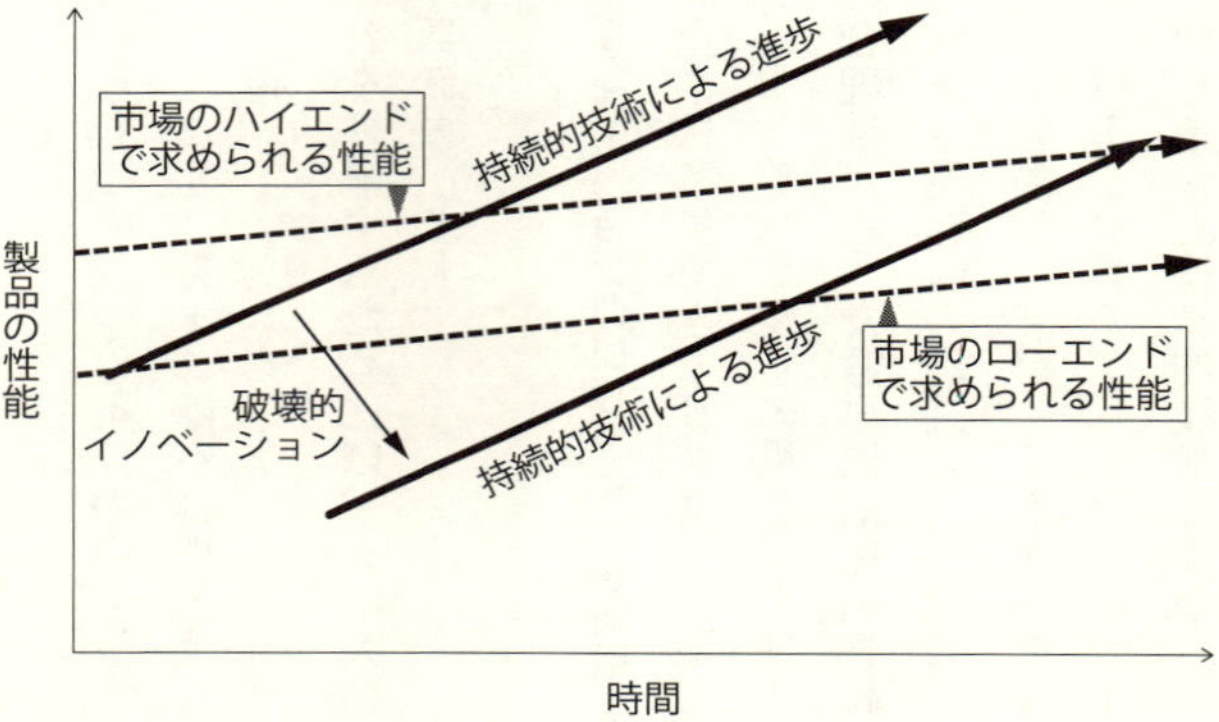

ン」によって置き換わってしまうという現象を指します。

この理論が語られるとき、「漸進的イノベーション」と「破壊的イノベーション」の鮮やかな対比の部分が注目されがちです。しかし着目するべき点は「なぜ既存企業は漸進的イノベーションに投資してしまうのか」という意思決定のプロセスにこそあります。

クリステンセンらによれば、大企業が破壊的イノベーションに対応できない理由は「破壊的イノベーションに気付けないのではなく、あくまで合理的に判断した結果、破壊的イノベーションに対応しないという選択肢を取ってしまう」あるいは「取らざるをえない」とされています。このことをより詳細に書いてみましょう。

大企業は顧客の声を聞き、技術と組織を進歩させます。これは合理的で素晴らしい活動です。彼らは少しずつ進歩を続ける漸進的イノベーションに対して投資を続けることで、顧客の要望に応えていきます。そうすることで直近の売上が伸びることも分かっているのですから、この判断もまた合理的です。そして、組織は売上とともに順調に大きくなりながら、最適化と効率化を繰り返し、組織運営のために必要な利益とコストの構造も徐々に変わってきます。

そこに破壊的イノベーションが登場したとします。

破壊的イノベーションは多くの場合はローエンドから、あくまで「小さなニーズを満たすもの」として始まります。仮に漸進的イノベーションに追随し、大きくなってきた組織がその登場に気付いたとしても、破壊的イノベーションが狙うような市場では組織を養えるほどの利益が出せません。だから投資することもできない。この判断もまた合理的です。

このようにして漸進的イノベーションによって成長してきた企業は、合理的な判断に基づいて破壊的イノベーションのマーケットを無視します。しかし破壊的イノベーションはその後も技術的な進歩や性能の向上、対象とする市場の成長を続け、いずれ既存企業の製品を取って代わってしまいます。

こうしたイノベーションのジレンマは、記録装置としてのテープがＨＤＤ（ハードディスクドライブ）に代わるときに「起きた」と指摘されています。

つまり組織は破壊的イノベーションそのものに負けるのではなく、組織による合理的な判断によって失敗します。この結果、ジレンマが発生する、というのが「イノベーションのジレンマ」で指摘された重要なポイントです。

ここから得られる教訓とは「既存企業は合理的な判断ばかりでは見誤る」という点であり、しかも「その合理的な判断はほとんどの場合避けられない」という点です。

このことを裏返せば、大企業を倒そうとするスタートアップへの重要な示唆となります。

スタートアップは、合理的な判断が必要とされる大企業が踏み込めない領域に踏み込むことで、彼らとの競争を避けられます。特に急激な変化が起こっている市場に踏み込むことは、いわば大きなリスクを取ることになり、組織が大きいほど、なかなか決断を下すことができません。あれこれ手間取っている間に市場を独占してしまえば、スタートアップに勝ち目が出てきます。

このような文脈においても、一見不合理なアイデアを用いて小さな市場を狙うことこそスタートアップにとって利する戦略になると言えるでしょう。

■「小さい市場」を狙う

イノベーションのジレンマが教えてくれるもう一つの重要なことは、大きな市場ではなく小さな市場を狙うメリットです。これもまた反直観的な事実ですが、スタートアップにとっては重要な示唆となります。

ビジネススクールでは通常、大きな市場を狙うことが推奨されています。大きな市場で数パーセントのシェアを得られれば、それだけで大きな売上になることがすぐに分かるからです。

しかしスタートアップが狙うべき市場は、「今はまだ小さくとも急成長する市場」と言われています。なぜスタートアップは小さな市場を狙うべきなのでしょうか。その理由は五つ考えられます。

一つ目に、最初から大きな市場にいる顧客にリーチしようとすると、それに応じたマーケティング費用が必要になるからです。そんな費用はスタートアップにはありません。またリーチしようとしても、どのチャネルが本当に顧客に届く効果的なチャネルなのかどうか、判断が付きません。

二つ目として、そもそもスタートアップが作る先進的な製品に理解を示すような初期の顧客はほんのわずかです。であれば、スタートアップはそうした人たちがいる小さな市場に最初から集中したほうがよいでしょう。

三つ目として、大きな市場になればなるほど競合が多くなり、差別化が難しくなることがあります。そしてその結果、利益率は激減します。特に価格競争が起こるような領域では、体力の少ないスタートアップが生き延びる可能性は低くなります。

四つ目に、「イノベーションのジレンマ」の話題でも挙げましたが、小さな市場ほど大企業が参入しづらいという点が挙げられます。そして、その市場への参入に大企業が躊躇している間に、スタートアップならその市場を独占することができます。

そして最後に、小さな市場であれば素早く独占することが可能です。大きな市場を最初から狙うと、その独占に時間がかかります。だからこそ、まず小さな市場を独占し、そこで利益を稼ぎながら次の市場を狙っていったほうが競争に巻き込まれずに済みます。

こうした背景からも、スタートアップはまず小さな市場を狙うほうが理にかなっている、と言えるのではないでしょうか。

現実として、どこを市場に選ぶかが、スタートアップそのものの成否をほぼ決定すると指摘されています。古くからスタートアップへの投資を手がけるIronstone Groupによると、スタートアップの成功要因の約80％が市場の選択による、という分析もあるそうです。

■「急成長する市場」を狙う

しかし、小さくてニッチな市場を狙っただけでは急成長を遂げることができません。スタートアップは、あくまで急成長を求めなければなりません。**だから今は小さくても、急成長する市場を狙う必要があります。**

たとえば１９９５年、Amazonの創業者であるジェフ・ベゾスが狙ったのは、商用利用が解禁され、利用者が徐々に増えつつあったインターネットの市場でした。当時のインターネットユーザーは全世界でわずか数百万人程度だったと言われており、しかもユーザー層は主に科学者や大学生といった、特段消費に積極的とは言いがたい人たちが使っている空間でした。

だからこそ、そんなインターネットを通じて、今ほど多くの、しかも一般の人達が買い物をする、という発想をする人は僅かだったに違いありません。

その後Windows 95が出荷されて、パソコンが一般人でも何とか買えるような値段になると、そこから一気に広まりました。現代から振り返ってみれば、インターネットが流行るのは当然のように思えるかもしれません。しかしAmazonが創業した当時、「インターネットが世界中に広まる」というジェフ・ベゾスの信念は、「賛成する人がほとんどいない大切な真実」だったのです。

２０００年代後半には、スマホという急速に普及が進んだ新しいプラットフォームがありました。今からしてみればスマホが広がるのは当然だと思えるかもしれませんが、それでも２００７年にiPhoneが出たときには、まだアプリストアもなく、本当にスマートフォンというものが世界に広がるか疑心暗鬼な人も多くいたはずです。その後アプリストアが開放された結果、いち早くiPhone向けのアプリケーションを作った一部の会社は、スマホという急成長する市場とともに伸び、多くのアプリケーション開発者やスタートアップ、ゲームメーカーなどは急激に成長することができました。

小さい市場を選択することは反直観的のように思えます。しかし歴史を見てみれば、今は大きくなった企業も最初は小さな市場からそのビジネスを始めています。だから「今は小さくても短期間で急成長するような市場を見つけてそこに賭ける」というのは、不合理に見えて、実は合理的なスタートアップの判断です。

ただし、今は小さい市場がすべて急速に成長するとは限りません。現時点で急激に伸びている市場や、今後伸びを見せそうな市場であっても、その後も伸び続けるかどうかは分かりません。どこかで頭打ちしてしまう可能性もあります。

では、本当にこの市場がこれから急速に成長するかどうか、どのように判断すればよいのでしょうか。

その問いには、未だ明確な解答がありません。これまで数千や数万といったスタートアップを見てきたポール・グレアムですら、「未来は予期しないところからやってくるので、予想するのは不可能であり、自分は予測しないことにしている」と明言しています。

しかしそれと同時に、ポール・グレアムは未来を予想するにはアイデアより人に着目すること、そして新しいアイデアを持つ人達となるべく交流することをすすめており、アイデアと同様で、市場が伸びるかどうかには「気付く」ことが必要なのでしょう。

たとえばYouTubeへの投資を決めたベンチャーキャピタリストは、全く関係のないほかのスタートアップのミーティングに行くたびに皆がYouTubeを見ていることを聞いて、その価値に気付いたからこそ、「投資することに迷いはなかった」という言葉を残しています。

■「長く」独占する

小さな市場を独占したあとに必要なのは、その独占状態を長期間維持することです。特に急速に成長する市場では、成長とともに大きな空白地帯が生まれるので、競合が入り込みやすくなります。

ピーター・ティールは、長期の独占状態を作るためには、以下の四つの要素のいずれかが必要だと指摘しています。

1 プロプライエタリテクノロジ（専売的な技術）
2 ネットワーク効果
3 規模の経済
4 ブランド

「プロプライエタリテクノロジ」は知的所有権を持つなどの技術的な優位性のことであり、模倣の難しい技術です。「ネットワーク効果」は、使う人が増えれば増えるほど、より利便性や価値が高まる性質のことを指します。「規模の経済」を活かせば、生産量が増えるたびにコストが下がり、収益率が上がります。「ブランド」は企業や製品固有のイメージのことです。

さらにピーター・ティールは別の講演で、『ゼロ・トゥ・ワン』には書かなかった独占のための追加要素として「ディストリビューション」「政府」「複雑な組み合わせと調整」の三つを挙げています。ディストリビューションについては第3章で詳述します。政府は規制やライセンスのことを指します。最後の複雑な組み合わせと調整というのは、既存のものを特殊な方法で組み合わせて新しい価値を生むことであり、彼いわく、シリコンバレーで過小評価されている要素だそうです。

たとえば、初期のスマートフォンに組み込まれた技術の中で、目新しいものはそれほどありませんでした。逆に言えば、スマートフォンは適切に既存の部品やサービスを複雑に組み合わせて調整し、新しい価値を生んだ例と言えます。Tesla Motors や SpaceX もこの種類の会社であるというのがピーター・ティールの弁です。

これらの長期の独占に必要な要素を意識して組み合わせながら、まずは小さな市場を素早く独占していくのがよいとされています。その独占のために資金が必要になるなら、資本コストが高いことを承知の上でベンチャーキャピタルから資金調達すべき、とも言えます。

特にスタートアップの企業価値は数年後、長い場合は10年後以降に生まれる利益によって算定されることも多くあります。そのため長期に価値を生む仕組み、つまり独占を続けられるという仕組みがスタートアップにとって重要となります。

■「徐々に」広げる

さらに小さくても急成長する市場を独占し続けるだけではまだ不十分です。その後、どのようにして独占を拡大していくかを考える必要があります。

２００４年にリリースされたFacebookの場合、最初にハーバード大学の学生という小さな市場を独占するところから始めています。そのスピードは劇的であり、リリースから10日間程度で、ハーバード大の60％以上の学生がFacebookに登録していたそうです。

その後、米国のアイビーリーグと呼ばれる名門校を中心に広げ、それからアメリカの大学生全体に、そして２００６年にようやく全世界の人がFacebookを使えるようにしました。彼らは最初に大学生という市場に的を絞り、その小さな市場の顧客に深く愛される製品を作って市場を独占したことが、その後の成長の土台となりました。

電気自動車や自動運転の旗手とも呼ばれるTesla Motorsも、最初から今のビジネスのすべてを行おうとしたわけではありません。当初、既存の自動車の改造から始めた彼らは、その後もわずか数千台の高価なモデルしか販売しませんでした。「環境保全に気を配った電気自動車に乗りたい」と考えるユーザーに的を絞り、プレミアムのついた価格で初期のモデルを販売しています。

それから徐々に価格帯を下げ、今では一般の人でも買える価格帯のモデルを出し始めています。これも市場の拡大戦略の一種です。

Amazon も最初は本という、長期間在庫しても問題のない商品から始め、本の販売という市場で独占的な立ち位置を獲得しました。それから徐々にインターネットビジネスや配送に関する知識を蓄えた後に、ＣＤや生活用品、服飾など取扱商品を増やし、市場を拡大していきました。

その過程で得たサーバー運用のノウハウは Amazon Web Services という形で新たなビジネスにしたほか、倉庫での業務を効率化するためにロボットのスタートアップを買収し、今は独自の運送網や倉庫を構築しようとしています。また、会員から年会費を得る代わりに特典を用意する Amazon Prime のようなメニューを増やし、多くのインターネット上のサービスを一挙に提供できる立場を作り上げつつあります。

大きな野望を持っていたとしても、こうして順序立てて市場を開拓し、それぞれの市場で独占を仕掛けていくことが、高い利益率を保ちながら急成長するための有効な手段となります。

ここで注意していただきたい点は、一つひとつ段階的に独占をしていくことにあります。一般的に多くの企業は80％のシェアを取れるはずなのに、50％のシェアで満足してしまう傾向にあるとマイケル・ポーターは指摘しています。しかし、まず小さな市場を素早く独占するところから成功しなければ、長期間にわたって独占を続けることはできません。中途半端な独占では、競合がその地位を奪いかねません。

■競争したら「負け犬」

ここまで独占の重要性、そして独占の手法について解説してきました。競争は避けるべきだという様々な人の言説も紹介してきました。

しかしそれでも人は競争をしたがります。それは学校のテストや受験競争、大企業内の出世競争で、競争すること自体を疑わない価値観が染み付いているからかもしれません。あるいは明快なルールの中で、与えられたレールの上を「いかに速く正確に走るか」考えたほうが楽だからなのかもしれません。

しかしスタートアップやビジネスの世界では、評価軸やゲームのルールが変わるのは日常茶飯事です。むしろルールが変わろうとしている世界に果敢に挑戦するのがスタートアップとも言えます。

「人は競争しないような独自のポジションを築くことが、本来目指すべき場所である」ということをしばしば忘れがちです。マイケル・ポーターも、競争の本質は競合他社を打ち負かすことではない、と述べています。

こうした状況をみて、ピーター・ティールは「競争は負け犬のためのもの」「競争はイデオロギーである」と喝破します。

イデオロギーはある種の隠れた世界観であり、偏った考え方であり、先入観の一種です。そして競争すること自体がイデオロギーである、ということに気付くのが、ピーター・ティールにとって、ほとんどの人が信じていない大切な真実でした。彼はスタートアップやその他の一部の領域において、「負け犬とは競争に負けた人のことではなく、競争している人こそが負け犬だ」と指摘します。

ただし競争を避けるあまり、ニッチ過ぎる市場を選んでは意味がありません。日本でモザンビーク料理店を作れば、競合が確かにいないかもしれません。しかしそのような需要はごく限られていますし、市場が急速に成長することはないでしょう。スタートアップであれば、今は小さくても急速に成長する市場をまず独占するべきと言えます。

■先行者利益よりも「終盤を制すること」

ここで注意しておきたいのは、独占を仕掛けるといっても、先行者（ファーストムーバー）であることが重視されすぎてはいけないという点です。

スタートアップを始めるような人たちは血気盛んに、いち早く市場に飛び込みたがりますし、まだ競合の少ない、まったく新しい市場を作ることに意欲を持ちがちです。そして「先行者利益（ファーストムーバーアドバンテージ）」という言葉がいつでも正しい真実のように語られています。

しかし先行者が常に利益を得られるかどうかといえば、そうではありません。そもそも一番に市場に入ることは手段であり、目的ではありません。

ライバルが少ないことは独占にとってはよいことですが、一番手で市場を切り開いた後、開拓したその市場を後発の企業にただ乗り（フリーライド）されることはままあります。そして現実を見れば、大きく成長したスタートアップが必ずしも先行者だったわけではないのです。

ここまでその名が何度も挙がっているFacebookは10番目に登場したSNSでした。しかもお金のない大学生向けのニッチなサービスとして始まっています。Googleは13番目に生まれたサーチエンジンであり、リリース当時、当然だったポータルサイト機能のない、本当に単純な検索機能から始まりました。

決して新しい市場を見出し、新しい価値を作ること自体を否定しているわけではありません。世の中に新しい価値を創造する役割はとても重要です。しかし企業として長く存続するために重要なのは、新しい価値を作るだけではなく、その生み出した価値を次第に大きくして、そして生み出した価値を長く独占し続けることです。

そのためには先行者利益を獲得するように動くことを目的にするのではなく、長く独占し続けるために動くことが重要です。ピーター・ティールは、先行者になることをあまりに狙いすぎる起業家たちへの警告をする意味で、「ラストムーバーアドバンテージ」という言葉を使っています。つまり、タイミングを見計らって参入して市場で最後に発展し、長く独占を狙うべきだ、ということです。

■価値の大きさと価値の割合は「独立」している

これに関連してもう一つ、気に留めておくべき反直観的な事実があります。**それは世の中に「新しい価値を作ること」と、「その価値のどれだけの割合を獲得するか」は、それぞれが独立しているということです。**

とある人がとても大きな価値を作り上げても、そのうちの僅かな割合しか獲得できない場合があります。一方で、世の中にとっては小さな価値しか生んでいないものの、多くの割合を獲得して独占している場合もあります。

たとえば多くの科学者は自らの発明で、新しい価値を世界に生み出してきました。だからと言って、その新しい価値を作ったことに対する経済的な見返りを十分得たかと考えると、必ずしもそうではありません。

動力飛行機の発明者であるライト兄弟は新たな価値を生み出しましたが、その発明後、大金持ちになったわけではありません。蒸気機関も素晴らしいイノベーションでしたが、競争が激しすぎたためか、携わっていたほとんどの会社が倒産の憂き目にあっています。

人は新たな価値を生み出せば、自動的に富を得られると勘違いしがちです。しかし、新たな価値を生み出すことと、その価値の何割を自分たちが得られるかは独立しています。だからこそ、価値を新たに生み出したら、その価値の大きな割合を獲得する、つまり独占することを意識する必要があるのです。そうしなければ、ビジネス上で長期的に富を生み出すことは到底できません。

■独自の「価値」と独自の「やり方」

独占的にお金をもらうには、顧客にとって代えがたい、つまり「独自の価値」を生み出す必要があります。

とはいっても、単に独自の価値さえ作ればよいわけではありません。多くの人がここを勘違いしがちです。「独自の価値」を「独自のやり方」で作る、という二つの条件を同時に満たすことが重要です。

そもそも、この二つこそが競争優位を保つための大前提となります。それなのに人はつい後者の「独自のやり方」を失念してしまいがちです。

たとえば近年、ロボットを使った宅配ピザのスタートアップが出てきています。彼らが行っているのは、宅配中にロボットがピザを焼き、到着したときにできたての商品を顧客に届けるというサービスです。このビジネスで彼らは「できたてのピザ」という独自の価値を提供し、その価値を「ロボットを使う」という独自のやり方で実践しています。

これからの彼らの課題は、これまでの店頭で焼いた後に顧客へ宅配する宅配ピザ屋と、ロボットが宅配中に焼くピザという独自の価値を比べた際、後者へ相対的に高いお金を顧客が払うかという「独自の価値」を顧客が本当に求めているかどうかという点、そしてロボットを使うことで中長期的にコストを安くするという「独自の価値の作り方」が本当に機能するかどうかという点が挙げられます。

まだ検証されていない条件が多くありますが、しかし逆に言えば、これらの条件を満たせば彼らは独自性の備わった、優れた戦略を先駆けて持つことができます。

「独自の価値」と「独自のやり方」という意味ではほかにも、TransferWiseという国際送金のスタートアップが昨今注目を浴びています。

通常、国際送金をする際には、数千円以上の国際送金手数料と為替に対する手数料、さらに受け手の銀行の手数料がかかる場合があります。しかしTransferWiseは、国際送金手数料を送金総額の数パーセント、つまり従来に比べて10分の1に近い金額にすることができました。

彼らは国際送金を従来と全く異なるやり方で実現しています。具体的には、実際に国際送金をするのではなく、送金を希望する人たちをそれぞれの国内でマッチングさせる、という方法です。

送金希望者のマッチングや信用担保の部分で高度なアルゴリズムを使うことで、エンドユーザー同士は希望通りの通貨を受け取ることができます。それを国内で行うため、結果として国際送金手数料は不要になり、非常に安い手数料での国際送金を可能にしました。

TransferWiseはこのようにして、圧倒的に安い国際送金手数料という価値をマッチングという手法、そして高度なアルゴリズムという「独自のやり方」で優位性を生み出しています。

これまでスタートアップの対象とされがちだったソフトウェアビジネスでは、主に「独自の価値」を気にした上でよい人材を調達することが、競争優位の源泉となっていました。

しかし今後、スタートアップの対象がこれまでの領域を超えて広がるにつれて、「独自の価値」を意識するだけではなく、どうやってその価値を「独自のやり方」で作るか、という点が、より重要になってくるものと思われます。

■「何をしないか」決める

戦略論の大家であるマイケル・ポーターいわく、「戦略の本質は何をしないかを選択すること」です。

この言葉はスタートアップに限らずすべての企業に当てはまりますが、資源の少ないスタートアップはことさら意識しなければいけない事実です。

競争優位性を獲得するためには戦略上、「自分たちは何をして何をしないか」といったメリハリを付けていく必要があります。そのためには、W・チャン・キムとレネ・モボルニュが書いた『ブルー・オーシャン戦略――競争のない世界を創造する』(入山章栄、有賀裕子訳、ダイヤモンド社)で提唱されている「戦略キャンバス」や、フランセス・フレイとアン・モリスによる『ハーバード・ビジネススクールが教える顧客サービス戦略』(池村千秋訳、日経BP社)で提唱された「属性マップ」のようなツールを用いることで、メリハリを可視化していくところから始めるとよいでしょう。

たとえばCommerce Bancorpというカナダの銀行は、取扱商品の種類を当座預金のみに絞り、しかも地域最低水準の金利という設定をしました。

こうして一部のサービスレベルを低くした分、代わりに営業時間をより長く便利にし、フレンドリーな接客をする従業員を配置するなど、それまでの銀行が実現できていなかったサービスに注力をしました。こうすることで、従来の銀行のサービスに不満を持つ人たちを独占的に獲得できたのです。

さらに、サービスレベルにメリハリを付けることで、「独自のやり方」を追求することもできています。

たとえば従来型の銀行だと、様々な業務が発生するため、細かな業務処理に対応する必要があったでしょう。しかし、Commerce Bancorp は取扱商品を絞っているため、業務処理はスムーズです。人材という面でも、従来型の銀行で必要だった「複雑な業務が扱える能力とそれなりの接客態度を持つ」という高給な人でなく、接客態度のフレンドリーさのみを重視した採用を行うことで、結果として人件費のコストも下がったそうです。

日本でもQBハウスのように、水回りや商品数を限定しつつ、より安くより速くを実現したヘアカット専門店が独自のポジションを築いて顧客を独占しています。彼らはこのビジネスを東南アジアにも展開し始めています。

戦略にはメリハリが必要です。**そしてスタートアップにとっては、これまで競合他社が見つけられなかった新しい軸を見つけて、そこに特化した資源の配分を行うことが一つの戦略**

▶図 9　Commerce Bancorpは「何をして何をしないか」

	従来の銀行	Commerce Bancorp
顧客層	全員	既存の銀行のサービスに不満を持つ人たち
営業時間	月曜から金曜、10：00〜16：00	月曜から金曜は7：30〜20：00、土日も全サービス
スタッフ	業務処理能力は高いがコミュニケーション能力は並	フレンドリーだが業務処理能力は並かそれ以下
預金金利	普通	地域最低水準
取扱商品	なるべく多く	当座預金１つだけ

▶図10　QBハウスは「何をして何をしないか」

	従来の理容室	QB ハウス
顧客層	全員	素早く髪を切りたい人
散髪の所要時間	１時間前後	10分
場所	不便な場所に点在	駅近やオフィス街など便利な場所
商品数	普通	1000円のみ
水回り	シャンプー、髭剃り	なし（吸引のみ）

と言えます。

さらにメリハリをつけるという考え方からは、他社の模倣をしない、という教訓を導くことができます。

次の項目で詳述しますが、模倣をして模倣元に勝とうとすることは、戦略上、最も犯しやすい間違いの一つ、「最高を目指す競争」に陥ってしまいかねません。

■「最高」を目指さない

自社の戦略を作る上で最も犯しやすい間違いは、「最高を目指す競争をしてしまうこと」だとマイケル・ポーターは指摘しています。他社と同じ価値を、同じやり方で行ってしまえば、その中で最高を目指さざるを得ず、結果的に価格競争や過当競争に陥ります。

もちろん実行に卓越することで、優位性を獲得することは重要です。優れた実行のない戦略は絵に描いた餅でしかありません。しかし、優れた実行やベストプラクティスはいずれ模倣されます。特に単体で効果のあるベストプラクティスほど、すぐに真似されます。

最高を目指す競争では、次第に価格競争か長時間労働に陥り、利益がどんどん目減りしていきます。その模倣の行き着く先こそ、過重労働のブラック企業です。安い労働力を目一杯投入すれば競争に勝てる、これが自分たちの戦略だ、と勘違いしてしまった経営者が引き起こす悲劇です。

スタートアップの一部、特にテクノロジを用いないスタートアップでは、こうした最高を目指す競争に陥りがちです。そして多くの場合、優れた仕組みが伴わない戦略は破綻してしまいます。

たとえば外食で「安い・早い・うまい」という価値を提供したい場合は、できるだけ安く人を雇い、彼らをこき使って早く処理させる、といった業態を作るのではなく、「安い・早い・うまい」を実現する方法に独自性を持たなければなりません。

ここまでで記したとおりですが、資源の少ないスタートアップであるほど、最高を目指す競争に巻き込まれないように注意する必要があり、むしろ競争を避けて独占を獲得することを強く意識する必要があります。

■戦略は「実践」から生まれる

ここまで計画的かつ理想的な戦略の話をしてきました。

しかし残念ながら、計画や理想通りに事業が進むことはありません。特にスタートアップの戦略とは、むしろ実践の中で生まれてきます。

たとえばIKEAの「家具のパーツを自分で運び、自分で組み立てる」という独自のビジネスモデルは、彼らがスタートアップとも呼べる初期、顧客が車に積んで持ち帰れるよう、従業員がテーブルの足を外したところからひらめいた、と言われています。

そのひらめきを得たのはIKEAが創業してから数年後でしたが、それをきっかけに、「家具を分解してフラットパックのまま販売すれば、顧客が自分で配送する」という独自の戦略につながりました。その販売方法は、店舗の省スペース化と物流コストの大幅削減をもたらし、彼らの戦略をより独自で模倣が困難なものへと進歩させていきました。

Airbnbが、当初の「部屋の空きスペースレンタル」から「家全体の民泊事業」へ舵を切ったのは、初期ホストユーザーであったドラマーのラス・マッキノンが、ツアーで長期間家を空けざるをえないときに「留守の間、自分がいなくても誰かに家を貸し出せないか」とAirbnbのスタッフに訊ねたことがきっかけと言われています。

ほかにもMBAの授業でも取り上げられる、ホンダのアメリカ参入の事例も、この種の創発的な戦略と言えるかもしれません。

１９５９年、ホンダは大型バイクを売ろうとアメリカへ乗り込んだものの、あえなく失敗してしまいます。そんな中従業員が週末の気晴らしに50ccしかない原動機付自転車、スーパーカブで出かけているとき、たまたまそれを見た人から「その小さいバイクが欲しい」と言われたことをきっかけとして、思ってもみなかった顧客の取り込みに成功しました。その結果、1959年にはイギリスがオートバイの輸入市場で49％のシェアを持っていたものの、7年後の1966年には、ホンダだけで63％のシェアを持つに至っています。

このようにスタートアップでは、その戦略が顧客とのやり取りの中で生まれることが往々にしてあります。特に環境が激変する、不確実な業界に狙いを定めることの多いスタートアップほど、その傾向は強いのかもしれません。

かといって、戦略がなくても大丈夫というわけではありません。理想がなければ現実とのすり合わせもできないように、理想的な計画の描き方を知ることも重要です。そして理想を描いた後に、現実の中で検証を重ね、有効な戦略を確実なものにしていくプロセスが必要です。

そのためには顧客との接点となる製品をいち早く市場に出して、顧客と実際に話しながら戦略を徐々に定めていくことがスタートアップにとっては特に有効となります。

次章ではその製品の作り方について解説します。

この章のまとめ

- スタートアップはまず「独占」を狙います。
- 独占のためには「小さな市場」から始めて「素早く」独占し、その状態を「長く」維持する仕組みを作る必要があります。
- 競争に負けることが負けなのではなく、「競争すること自体」が負けです。だからこそ競争から抜け出ることを意識する必要があります。
- 戦略とは「やらないこと」を決めることです。決して「最高を目指す競争」をしてはなりません。
- 競争から抜け出るためには「独自の価値」を作る必要があります。さらにそれを維持するには、独自の価値を他社とは異なる「独自のやり方」でどうやって作るかを考える必要もあります。

■戦略とは往々にして実践から生まれます。すべてを計画的に行えるわけではありません。戦略を早く作るためにも、一刻も早く製品を市場に出しましょう。

コラム　大企業でアイデアを守る仕組みの重要性

アイデアの部分では「急成長するよいアイデアは最初悪いように見える」という反直観的なことを解説し、戦略の部分では「小さな市場を独占する」というこれもまた反直観的な条件を解説してきました。

もしこうした条件が正しいのであれば、急成長する新規事業を欲する大企業には非常に難しい判断が求められるでしょう。

なぜなら大企業で何かをするとき、大抵は承認プロセスがあり、その承認に関わる人が多くなればなるほど、悪く見えるアイデアや小さな市場を狙う戦略が承認されない可能性が高まるからです。

『ORIGINALS——誰もが「人と違うこと」ができる時代』（アダム・グラント著、シェリル・サンドバーグ解説、楠木建監訳、三笠書房）という本の中で、「オリジナルなアイデアは実際には多い」という指摘がされています。

であれば、そもそもの問題は、企業内にオリジナルなアイデアがないというわけではなく、そうしたアイデアを守る仕組みがない、ということだと言えます。社員にオリジナリティが足りないからといって、講師を招いてアイデアワークショップなどをしても、そこで生まれてきたアイデアを実施できる仕組みがなければ意味はありません。

一見悪く見えるアイデアほど、大企業で実践することは難しくなるため、どうやってアイデアを守るか、という視点が必要になります。だからこそ何より「急成長するアイデアは、最初理解が難しいものだ」という事実を経営層やマネージャーが理解する必要があるでしょう。

『トイ・ストーリー』や『ファインディング・ニモ』など、数々の素晴らしい映画を制作してきたピクサーでも、最初に出てくるアイデアは見栄えが悪く、守らなければすぐに消えてしまうようなところから作品作りが始まります。『ピクサー流　創造する力』（エド・キャットムル、エイミー・ワラス著、石原薫訳、ダイヤモンド社）によると、ピクサーでは、初期のアイデアは「醜い赤ちゃん」とまで呼ばれているそうです。

『How Google Works——私たちの働き方とマネジメント』（エリック・シュミット、ジョナサン・ローゼンバーグ、アラン・イーグル著、土方奈美訳、日本経済新聞出版社）でも、「次なる大きなものは最初おもちゃのように見える」「新しい技術は、個別具体的な問題を解決する手段として、かなり原始的な状態で誕生することが多い」と記されています。

もちろん、その事業が現在求めているアイデアが急成長を果たすようなものではなく、日々の改善であれば、突拍子もないアイデアは不要かもしれません。ただ、急成長するようなアイデアの初期は日々の改善のためのアイデアとは見かけの種類が異なるかもしれない、という認識を承認側が持つことは重要ではないかと思います。

そしてもう一つ、大企業で急成長するアイデアを守るやり方として試されているのが、承認そのものを極力なくす、といったやり方です。

たとえばGoogleの「20％ルール」は有名です。これは業務時間のうち、20％を好きな活動に使ってよい、という制度です。この制度を使って生まれた製品の例として、Gmailなどが挙げられます。

ソフトウェア会社であるAdobeでは「Kickbox」というプログラムを実施しています。このプログラムの参加希望者には、最初にワークショップと1000ドルの資金が与えられます。その資金をどう使うかはその人次第で、何の報告義務もありません。誰でも参加でき、上司の許可を取る必要もありません。彼らはそうして様々な試行錯誤を、承認なしですぐに始めることができます。

もちろん、こうした取り組みが適用できる事業は、ＩＴなどのイニシャルコストが安い分野になるかもしれません。しかしまわりの協力を仰ぐことができれば、多くの取り組みは、意外と小さなコストで賄えてしまうのも事実です。

であれば、最初の承認プロセス自体をなくしてしまって、ある程度の段階に達したとき、継続のための資金を追加投資するかどうかを決めればいい、というのはある意味で合理的な判断と言えそうです。

過去を振り返ってみると、大企業の一部の革新的な事業は、「スカンクワーク」と呼ばれる自主的活動や、闇研究（闇研）と呼ばれる非公式研究から生まれてきたと言われています。国内の闇研の例として、ＶＨＳビデオや液晶テレビなどはよく知られています。

昔に比べ、こうした闇研究が許されなくなったとも聞きますが、そうした仕組みをある種の教育や投資と捉え、社内制度として整えておくのは一つの経営手法なのかもしれません。

さらにいえば、大企業で急成長する事業を作るためには評価システムの見直しも必要となります。

新規事業のほとんどは失敗します。「予想業績を達成したかどうか」という意味では、９割以上が失敗すると言ってよいでしょう。

ただ大企業の評価システムはそうした失敗について非常に厳しい態度をとりがちです。決められたことを誰よりもうまくやることがこれまでの社会では求められていた能力であり、失敗は単に減点対象でしかないと考えると、これも当然の理屈でした。

しかし決められた作業、つまり定形作業は今後どんどん機械に置き換わっていきます。そして人間が行う仕事は、これまで誰も挑戦していない新しいものを生み出すことになるはずです。そうした状況では、挑戦や失敗の評価の仕方について新しい視座が必要になってくるはずです。

「一見悪いように見えて実はよいアイデア」を発案するのは比較的簡単でも、それを実現するためには、社内に様々な仕組みが必要です。そして価値とはあくまで実行から生まれるものです。実行なくして新しい価値が生まれることはありません。会社として意図はしていないにもかかわらず、実行までたどり着きにくい仕組みができあがっている限り、スタートアップ的な新規事業を大企業で行うのは難しいでしょう。

しかし逆に言えば、大企業のように豊富な資源と優れた人材を持つ組織が、こうしたスタートアップ的なアイデアを実行できる仕組みを作ることができれば、そこからより大きなイノベーションが生まれる可能性は決して低くないと思っています。

第3章

プロダクト

多数の「好き」より少数の「愛」を

スタートアップの多くは失敗します。

ベンチャーキャピタルからの支援投資を受けたスタートアップが、当初想定していた投資のROI（投資対効果）に達しないのを失敗と定義すると、7割以上のスタートアップが失敗に該当すると言われます。さらにいえば企業の新製品のうち、4割から9割が目標を達成できず失敗に終わるとも言われています。そしてイノベーティブな新製品であればあるほど、その失敗率は高まります。

多くのスタートアップが失敗する理由は資金難です。しかし資金難とはあくまで症状であって、原因ではありません。**会社が潰れる原因は、お金の残っている間に顧客の欲しい製品を作れなかったことにあります。**

しかし逆に言えば、顧客の欲しがる製品を作ることができれば、多くの困難を乗り越えることができます。よい製品があれば、採用、資金調達、プロモーション、そのすべてが簡単になります。だからまずは何より、よい製品を作ることを優先する必要があります。

本章では、ここまでに記した不合理なアイデアと戦略を、よい製品に落とし込んでいくための、いくつかの方針やノウハウについて解説していきます。

▶**図11 スタートアップが通る道**

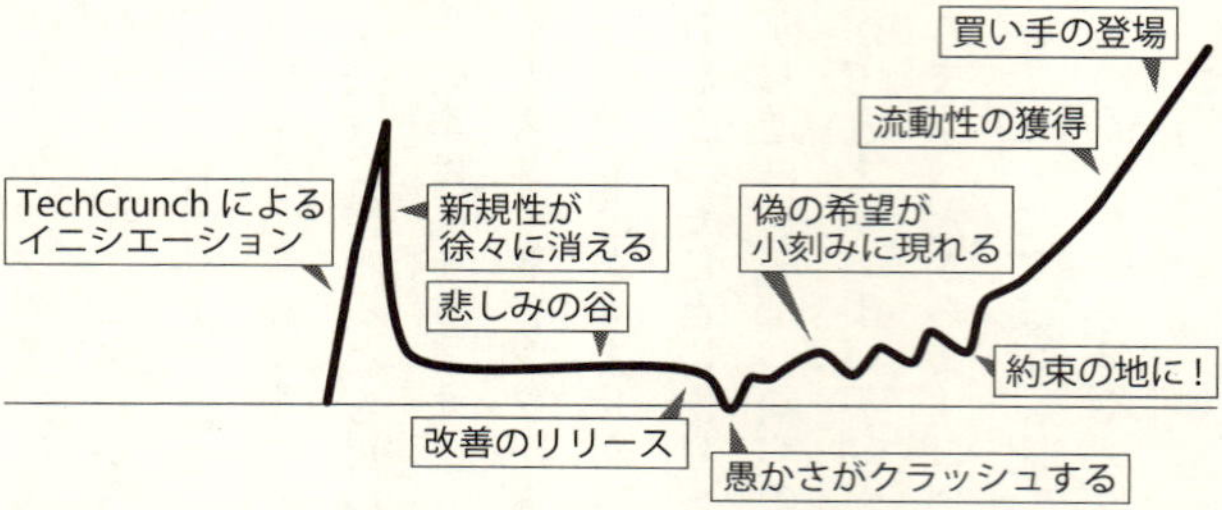

Y Combinator: The Process

■製品が通る道

リリース後の製品がたどる道はほぼ一緒だと言われています。

長い時間をかけて開発した製品がメディアに取り上げられ、試用してみた知人から絶賛の感想を貰い、さらに有名人がTwitterで言及したりして、自分たちの気分も一気に盛り上がります。創業者たちが最も高揚感を味わい、会社の勢いが一気に高まる瞬間です。

しかしほぼ必ず、そこから製品の勢いは一気に失速します。そしてその後、長いあいだ「悲しみの谷」を進むことになります。

それもそのはず、新製品は毎日のようにリリースされ、ニュースになります。ある製品がニュースとなった次の日、また別の製品がニュースに出ます。そうしたニュースの連続の中で、自分たちの製品は埋もれていきます。

皆さんも、一昨日リリースされた製品のことを覚えているでしょうか。

一旦埋もれたあと、再び盛り上がることがあれば幸運です。しかしほとんどの製品は、長い長い「悲しみの谷」を進み、そのまま潰えてしまいます。あなたの製品を潰えさせないためには何ができるのか、ここから考えていきたいと思います。

■「欲しがるもの」を作る

スタートアップにとってもっとも重要なことは、「人の欲しがるものを作る（Make Something People Want)」ことです。このMake Something People Wantという言葉は、長い間Y Combinatorの標語になっています。

人の欲しがるものを作る、という言葉は当然のことのように感じたかもしれません。しかしそれを標語にしないといけないぐらい、スタートアップを始める人たちは「誰かが欲しがるものを作る」ということを忘れがちです。人はつい「自分の作りたいもの」や「誰かがきっと欲しがると決めつけているもの」を作ってしまい、時間を無為に過ごしてしまったあと、資金難に陥ってしまいます。

ポール・グレアムによれば、スタートアップが急速に成長するためには以下の二つの条件を満たす必要があるそうです。

[1] 大勢の人が欲しがるものを作る
[2] それをすべての人に届ける

レストランや美容院といった店舗型ビジネスでは二つめの条件を満たすことが難しいため、急成長することがなかなかできません。そのためスタートアップにはあまり向いていないビジネスと言えるでしょう。

一方、ソフトウェアビジネスの限界費用はゼロに近く、多くの人に届けることが可能なため、二つめの条件を満たすのは得意です。しかし「大勢の人が欲しがるものを作る」については、満たすことが非常に難しいままです。

とある100以上のスタートアップの失敗を分析した調査では、失敗の理由として最も多かったものは「市場にニーズがなかった」でした。

また、スタンフォード大学の調査によれば、そうしたニーズが確認できていない状態でスケールしようとする「成熟前の規模拡大（pre-mature scaling)」と呼ばれる行動が、スタートアップを潰すという結論を導き出していました。このように、多くのスタートアップはニーズをつかめずに失敗します。

もちろん創薬系のスタートアップなどは話が別です。延命や症状の改善ができる製品を欲しがっている顧客がすでにいるなど、予め課題やニーズが明確になっているからです。そうしたスタートアップでは「そのような薬が技術的に実現できるか」「顧客がどこまでお金を払ってくれるか」が最も大きなリスクになるでしょう。

そうした例外を除くと、多くのスタートアップにとっては「現在の市場にニーズがあるかどうか」が最も大きなリスクになることは間違いありません。

特にスタートアップが狙う市場というのは、「これから伸びるであろう」とされる市場です。そこで本当にニーズがあるかどうかは不確実性が高い、と想定しているほうがよいでしょう。

だからこそ、まずは「人の欲しいものを作る」。これを念頭に置いて製品を作る必要があります。

■「製品以外」もプロダクト

さらに話を進める前に、プロダクトや製品という言葉について考えてみたいと思います。通常、プロダクトや製品といえば何か具体的なモノやサービスを思い浮かべがちです。

しかしスタートアップでは、その概念を広げて捉えてみる必要があります。スタートアップの場合、たとえばセールスやサポート、コピーライティングなども含め、「その会社と顧客とがつながるすべての部分をプロダクトとして理解するべき」と、Y Combinator のサム・アルトマンは発言しています。つまり、より広い視点で製品というものを理解するべき、ということになるでしょう。

これを明確にするために、ここからは便宜的に「製品」という単語をスタートアップが実際に提供するものだけに使い、「プロダクト体験」という単語はそれだけではない、より広い意味を持つ言葉として使おうと思います。

より広い概念でプロダクト体験を捉えると、製品自体でカバーしなくてもよい部分の設計が可能になります。言い換えれば、製品で実現できなくても、そのまわりのサポートやコピーライティング、マーケティングなどでカバーすることで、顧客に提供するプロダクト体験をよくすることができます。

このような認識でいると、製品自体から削ぎ落としてもよい部分を明らかにできるので、より製品をシンプルなものにすることが可能です。

さらに製品自体が持つ品質や体験は大企業の製品に及ばずとも、その周辺のセールスやサポートといった要素で大企業を超えるクオリティのプロダクト体験を実現し、打ち勝つことができるようになります。

■プロダクト体験は「仮説の集合」

スタートアップはリスクの塊です。スタートアップとは、顧客やビジネスモデル、製品についてまだ混乱している事業体だ、と言われることすらあります。

計画したビジネスモデルがうまく機能するかどうかも、現実の顧客を通した検証を経なければ分かりません。また製品の機能一つとっても、顧客の課題と自分たちが提供しようとしている解決策がフィットしているか、その解決策が製品に使いやすいように実装されているか、さらに製品は市場にフィットして顧客に求められているかなど、多くの検証を経ることでリスクを減らすことができます。

そのため、作るべきプロダクト体験の要素を、まずはすべて「仮説」として捉えることか

ら始めることをお勧めします。顧客の欲しいものはこれ、と決めつけるのではなく、あくまで仮説として取り扱うことで、仮説は検証するべきものという考え方が生まれ、プロダクト体験のリスクが見えやすくなります。

スタートアップは素早く仮説の検証を繰り返し、現実の世界や顧客から学び取る必要があります。そして検証と学びを通じて、プロダクト体験やビジネスモデルからリスクを徐々に排除していきます。ウェブブラウザであるMosaicを開発したマーク・アンドリーセンは、スタートアップがリスクを一つひとつ排除していく様子を見て、玉ねぎの皮を剝くような作業にたとえて、「リスクの玉ねぎ理論」という言葉を残しています。

ここで重要なのは、どうやってそのリスクを素早く排除していくかにあります。**なぜならスタートアップにとって最も貴重な資源とは時間だからです**。

スタートアップでは、資金調達ごとに約1・5年間、会社が生き長らえるだけのお金を得ると言われています。1・5年とは約78週です。もし1週間に1個の仮説しか検証できなければ、合計で78個の仮説しか検証できないということになります。たったそれだけの期間で、製品を作りながら、機能するビジネスモデルを見つけ、十分な数の顧客を獲得して、次のマイルストーンにたどり着く必要があります。そんな貴重な資源である「時間」を使って、どうやってリスクを減らせるのかをスタートアップは常に考えるべきです。

そのための方法論として、無駄な要素を最小限に抑えつつ、素早く軌道修正をはかり改良を加えるリーンスタートアップや顧客開発といった手法が２０００年代の後半から提唱されています。本書では詳しく解説しませんが、製品開発において、これらの方法論はとても参考になります。そしてこれらの方法論でも共通するのは、スタートアップにはリスクがつきもので、スタートアップは製品やビジネス上の仮説を検証していく必要がある、という認識です。

■「今日はどうやってプロジェクトを殺そう」

ではプロダクト体験が「仮説の集合」だとして、どの仮説から検証すべきなのでしょうか。**それは、最も大きなリスクからです。**

アポロ計画による月面着陸から派生して生まれた「Moonshot」とは、壮大で挑戦的なプロジェクトを指す言葉ですが、Alphabet（旧Google）の傘下にあるXという組織では、Moonshot の名の下に挑戦的なプロジェクトを複数個並行して進めています。

Xから出た最も有名なプロジェクトとして自動運転がありますが、その他にも世界中にインターネットを張り巡らせるための気球を上げるProject Loon、さらにはロボット、コンタクトレンズ、それ以外にもまだ公開されていないプロジェクトを含め、多数のMoonshotプロジェクトが存在しています。

Xの責任者であるアストロ・テラー曰く、彼らの合い言葉は「さあ、今日はどうやってプロジェクトを殺そう?」だそうです。これは、最もリスクの高い仮説から検証するべき、ということを意味しています。

人はプロジェクトを失敗させないために、つい小さなリスクから検証してしまいがちです。しかし失敗するのなら早く失敗して(つまり殺して)次のアイデアに行ったほうが時間の短縮につながります。

▶**図12 効果的なリスク検証の流れ**

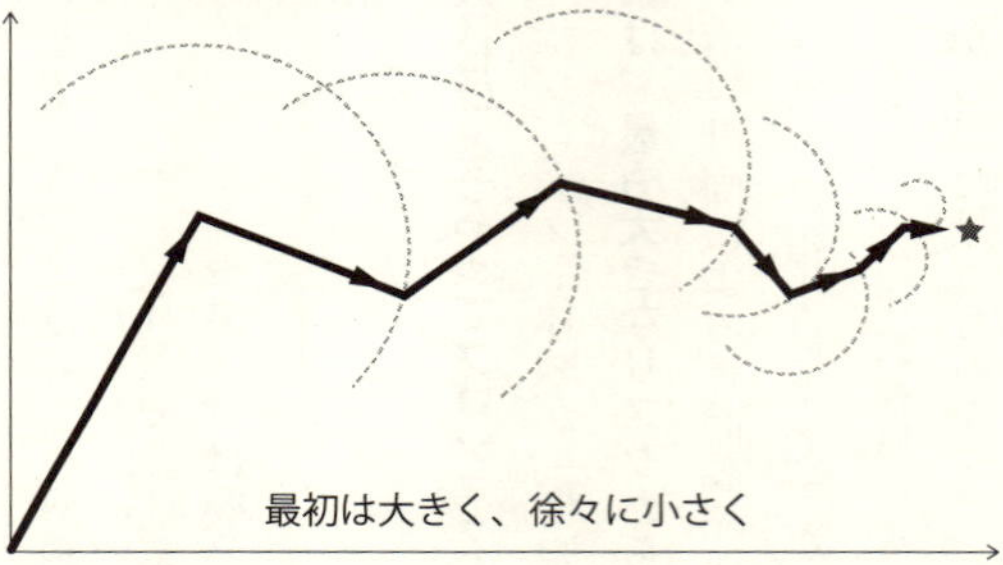

またあまりに長い時間をかけて作ってしまうと、手間をかけるほど愛着が湧くという「IKEA効果」にも近い執着が生まれてしまい、なかなか製品を殺せなくなってしまいます。

また、最初から大きなリスクや仮説を検証し、次第に小さめのリスクの検証に移っていくことで、効果的に検証を進めていくこともできます。

しかしどのリスクが大きいのかを見極めるのは至難の業です。**仮説の検証行為自体はある程度科学的にできますが、仮説立案や課題発見はある意味でアートです。**筋のいい仮説の構築や、リスク要因を発見することは、起業家や製品担当者の腕の見せ所とも言えます。

ただ何度も言うようですが、製品の最も大きなリスクとは「顧客のニーズがあるかどうか」です。迷ったらそこから手を付けるようにしてください。

■顧客自身も「分かっていない」

顧客にニーズがあるかどうか分からないのなら、綿密な市場調査を行い、顧客の声を聞いた上で製品を作ればいいのではないか、と考える方もいらっしゃるかもしれません。

しかしそれを考える上で難しい問題になるのは、顧客自身も自分が本当に欲しいものが何なのか、よく分かっていないことが多い、ということです。

このテーマについて話す際、よく取り上げられるのがフォードの事例です。

当たり前ですが、自動車が登場する前に、顧客へ欲しい自動車を訊ねても、彼らは「速い馬が欲しい」と言うだけで、「自動車が欲しい」とは言わないでしょう。同様に、iPhoneが出る前は「こんなスマホが欲しい」というユーザーはほとんどいなかったはずです。

顧客のニーズを理解するのが難しいのはこの点です。顧客に聞けば顧客は自分の欲しいものを言えはします。しかしそうした発言が、顧客の本当に欲しいものを反映しているか、そして顧客が自分自身のニーズを理解しているかは、一見判然としません。

そうした側面を考えてか、Appleの共同創業者の一人、スティーブ・ジョブズは「何が欲しいかを知ることは、顧客の仕事ではない」と言い切っています。

また製品開発を進める上で顧客の言うことをそのまま聞いてしまうと、製品の方向性を見失ってしまったり、ツギハギだらけの製品になってしまったりします。下手をすると、百徳ナイフのように機能は十分にあっても、ユーザーにとって使いにくく、ほとんどの人が欲しがらない製品ができあがってしまいます。

だからこそプロダクト体験を設計する際には、顧客の声はきちんと聞きつつも、彼らの期待通りのものを作るのではなく、その声の裏に潜む、本当の欲求が何なのかを捉える必要があります。

これはそう簡単なことではありません。

ほとんどの顧客は自分自身のことをよく知っているわけではないので、言葉の裏に潜んでいる本当のニーズを直接知ることは難しく、そのため新製品の開発は難しいと言えます。

■多数の好きより「少数の愛」

だからこそ、スタートアップ初期には、多数の人からそこそこ好かれる製品でなく、少数の顧客が深く愛する製品を作るべきです。そしてこれもスタートアップの反直観的な考え方の一つです。

普通なら、多くの人が欲しがる製品を作るべき、と思われることでしょう。実際ポール・グレアムも、スタートアップは「大勢の人が欲しがるものを作るべき」だと述べています。これは本章の最初でも紹介した通りです。

しかし、当のポール・グレアム自身が、スタートアップの最初期は多数の人から好かれる製品よりも、少数の顧客が愛する製品を作ったほうがよい、とも述べています。

これは、数々のスタートアップの成否を見てきたポール・グレアムが導き出した、反直観的なスタートアップの法則の一つです。

スタートアップの最初期においては、多くの人にほどほどに好かれるものより、最初は少数でも深く愛される製品のほうが、その後大きく成長する可能性が高いということが分かっています。なぜなら、現段階ではそのニーズに気付いている人はほんの少しの人たちだけだからです。そして、この「多数の好きより少数の愛を」の法則は、ピーター・ティールの「最初は小さな市場を狙う」という戦略とも合致していると言えるでしょう。

Facebook はまさにこの一例として挙げられます。Facebook は最初、世界を狙ったSNSではなく、あくまで大学生を対象にしたサービスとして生まれたため、当初は各大学の授業の一覧を確認できるサービスを展開していました。だからこそ大学生に深く愛され、多くの若者が長く使い続けてくれました。Paypal もオークションサイトである eBay のパワーユーザーに的を絞って始動しています。何度も送金が必要になるパワーユーザーを狙うことで、送金が簡単な Paypal というサービスを熱烈に歓迎してくれて、Paypal はそのセグメントを独占することができました。

深く愛してもらうメリットは他にもあります。愛を獲得できれば、その顧客に長く使ってもらえるだけではなく、彼らからプロダクト体験へのフィードバックを得ることができます。一方、ほどほどに製品を好きな人たちは、フィードバックすらせず、静かに自分たちの製品から離れていってしまうだけです。

初期の製品作りにおいて、顧客のフィードバックほど価値のあるものはありません。それを得るためにもまずは小さな市場で、顧客から深く愛されるプロダクト体験を作ってください。10人、そして100人といった、少数でも製品を愛してくれるユーザーが生まれてから、どうやってそれを広めるか考え始めても、決して遅くはありません。むしろそうしたユーザーがいない状況で広めていってしまうと、先述した「成熟前の規模拡大」という間違いを犯してしまい、スタートアップは潰れてしまいます。

■とにかく「ローンチ」

少人数に愛されるものを作るためには、とにかくシンプルなものを早くローンチ（リリース）することが重要になります。

最初は少数の顧客をターゲットにすればよいので、皆に好かれるものを作る必要はありません。それに顧客が少なければ、製品に機能が足りない部分があっても自分たちで細かくサポートすることができます。

だからこそ初めは、顧客に愛してもらえそうなメインとなる機能を、なるべくシンプルに提供することが重要です。リーンスタートアップの文脈では「Minimum Viable Product

（実用最小限の製品）」、略してMVPと言われたりしますが、とにかく実用可能な最小のものを早くローンチし、顧客に使ってもらうことが、スタートアップにとっての成功の秘訣です。

Y Combinatorの卒業生であるDoorDashの例を見てみましょう。彼らは、既存のレストランの食事の注文を受けて、宅配する仲介サービスとして始まりました。

この「既存のレストランの商品の配達」というアイデアを実行する場合、普通どう考えるでしょうか。まずは会社を作り、レストランと契約し、配送システムを作り上げてから、配達する人を雇って、と考える人も多いのではないかと思います。しかし彼らが選んだやり方はまったく異なります。

彼らが行ったことは、PaloAltoDelivery.comという独自ドメインを取って、ネット上で見つけたスタンフォード大学周辺のレストランのメニューを集めたサイトを作り、そのメニューと一緒に自分たちの電話番号を書いただけでした。かかった時間は1時間程度だったそうです。

彼らはこのサイトを通じ、本格的に製品作りへ進む前に、どんな人から連絡が来るのか、どれぐらいの量が来るのか検証しようと試みました。そしてサイトのローンチ当日、実際にどこかから検索して、電話でパッタイを注文する人が現れたそうです。

彼ら自身も驚いたとのことですが、とにかくその注文を受け、タイ料理屋に行ってパッタイを注文し、それを顧客の家まで自分たちで運びました。そしてその次の日は2件、次は5件、7件と注文は増えていったそうです。DoorDash はこのようにして、注文仲介にニーズがあることを、わずか数時間の開発期間と数日間のテストで検証できました。

最新の製品が掲載される情報サイト、Product Hunt は最初、メールマガジンという形でローンチしました。顧客にまずメールマガジンに登録してもらった後に、創業者らはウェブサイトを作りました。ウェブサイトやシステムを構築するという、それなりに時間がかかる作業に取りかかったのは、顧客のニーズをきちんと理解したあとでした。

このようなやり方に似た例として、営業してから製品を作り始める、という手法もあります。

当初、Microsoft のビル・ゲイツも、ハードメーカーに営業をかけ、顧客にニーズがあることを確認してからプログラムを作っています。

そんなことができるのは、彼自身が実際に素早くプログラミングできるエンジニアだったからです。「まだできてもいないものを売る」という手法は誰にでもお勧めできる方法ではありません。ただ、確かにこれが成功すれば、「誰も買ってくれないものを作ってしまう」という時間の無駄を避けることができます。

「最初のバージョンが恥ずかしいものでなければ、それはリリースが遅すぎだ」とビジネス特化型SNS、LinkedIn創業者であるリード・ホフマンは言っています。

技術者は完成度や品質を上げるため、つい製品開発に長い時間をかけてしまいがちです。しかし製品開発は学校のテストと異なり、必ずしも一度のテストで100点を取らなくてもよいものです。むしろ次第に点数を上げていくような手法も通用します。

早くリリースする、という意味では既存の製品を改造することも一つの手です。すでにリリースされている競合製品をカスタマイズして、試しに提供するところから始めてもよいでしょう。そうすることでスタートアップにとって最も貴重な資源である時間を節約することにつながります。

■「スケールしないこと」をする

ほとんどすべてのスタートアップは、そうした素早い検証を行うためにも、「スケールしないこと」から始めるべきだと言われています。

スタートアップは急成長を目指しているはずなのに「スケールしないこと」を推奨することは反直観的に映るかもしれません。しかし、スタートアップから始めて大きくなった企業が、その初期には「スケールしないこと」を実践して、それが後の急成長の支えになったことを告白しています。

先述したDoorDashは、開始してからしばらくの間、注文の受付や配達を創業者たちだけで行っていました。そうすることで様々な業務に詳しくなれて、スケールするときにどんなシステムを作ればよいのか、どんな人を採用すればよいのかを理解できたと言っています。

Stripeという開発者向け決済サービスを手がけるスタートアップは「β版を試してもいい」と言ったユーザーに対して「ありがとう」だけで終わらず、「パソコンを貸してください」と言い、その場でStripe用のコードを実装して、手渡していたそうです。彼らはそうしたスケールと程遠い丁寧なサポートから始めることで、「どこでユーザーがつまずくか」を理解しながら、熱狂的な顧客を獲得していきました。

ハードウェアの設計を手がけるMerakiは、当初設計だけでなく、自分たちでルータの組立をしていました。Pebbleというスマートウォッチの会社は、最初の数百個のスマートウォッチの組み立てを工場に委ねず、自らの手で組み立てたことで「よいねじを調達することの価値」を理解し、それがのちに大量生産を始めるときに活きたそうです。

このように、あえて「スケールしないこと」をすることで、創業者は自分たちの会社、そのすべての業務のエキスパートになれます。エキスパートになることで、実際にスケールしていく際、何に注意するべきか、体感として理解できます。また、どのようなスキルを持つ人材を採用するべきなのかも分かります。

それに加えて、「スケールしないこと」をすることで驚くほどのサービスを提供することができます。たとえばアンケートフォームなどを提供するWufooは、ずいぶんと長い間、顧客に対して手書きの手紙を送ることで、多くのファンを獲得していました。

大企業では、CEO自ら手書きの手紙を書くようなことはなかなかできません。でもスタートアップならそれが可能です。そしてこれら「スケールしないこと」をした結果、初期のスタートアップに必要不可欠である「少数の顧客からの深い愛」を獲得することにもつながるのです。

■でも「成長率」を追う

ただし、ずっとスケールしないことを続けているだけでは問題です。スタートアップは短期間で急成長しなければならないので、やや矛盾するようですが、スケールしないことをしつつ、スケールを目指さなければいけません。具体的にはその時々に、スケールするための障害、つまりボトルネックを解決しながら、成長率を追う必要があります。

簡単に書いていますが、これはとても大変なことです。そもそもスタートアップの成長を阻むものはその都度、そのビジネスによって異なります。採用だったり、製品だったり、技術的負債だったり、その原因はさまざまです。

Y Combinatorでは週次のよい成長率を5～7％、非常によい成長率を10％と設定しています。もし週次１％の成長率だったとすれば、それは何かが間違っているという証拠になります。

スタートアップとは急成長を目指す事業体であると書きました。こうした週次での数パーセントの成長率は複利のように効いてきて、ビジネスが急成長する土台となります。それこそ第1章で出た指数関数的な変化のように、です。

実際に数字を見てみましょう。たとえば追いかける指標としてユーザー数を設定し、週次の成長率を７％とします。

今現在１００人ユーザーがいるとしたら、次の週には１０７人が目標値になります。さらに次週には114人、その翌週は122人です。このあたりまでは、まだ想定の範囲かもしれません。

しかしこれが1年、つまり52週続くとどうなるでしょうか。目標値は1週目の数値の1000倍を超えます。当初100人のユーザーであれば、1年後には10万人以上のユーザーを持つことになります。つまり成長率を軸にした場合、スタートアップは指数関数的に成長していくことになります。

そして成長率を軸に置くことは、製品や会社の方向性を指し示すコンパス代わりになります。つまり、ある活動をすべきか、という判断軸として成長率を使えばいいのです。

たとえば製品に機能を追加すべきかどうか、誰かを雇うべきかどうか、マーケティングに集中するべきか、営業するべきか、もしくはまだスケールしないことを続けるべきか。数々の選択肢の中から、どの活動を行うのがいいか判断するとき、「これをやることで、自らが課した成長率を達成できるか」と問いかけることで、答えが自ずと出てきます。

成長率を追いかけ続けると、新しいプロダクト体験のアイデアやビジネスモデルに気付くことも多々あります。少なくとも、悪いアイデアやビジネスモデルのままでは、毎週の成長率を達成することができないからです。

そして成長率を追うという別の利点は、その成長が多くの問題を解消してくれる点にもあります。「成長はすべての問題を解決する。成長不足は成長だけでしか解決しない」というのはY Combinatorのサム・アルトマンの弁です。

ただし成長を目指すのは、あくまで顧客に愛される製品ができてからとなります。

もし愛される製品を作り上げる前に広告やマーケティング、PRを使って成長を維持しようとすると、先述した「成熟前の規模拡大」の状況に陥り、スタートアップに致命的なダメージを与えてしまいかねません。

そして顧客に愛されるプロダクト体験を作ることは、思ったよりも長い時間がかかります。Airbnbですら、ユーザーから愛されるプロダクト体験を見つけ、成長を果たすまでに、創業から約1000日の時間を要しています。

だからこそ極力「スケールしないこと」を長く続けることが重要です。スケールしないことを続けて、顧客と直接話すことを通して、新しいアイデアを得ることができます。そしてスケールしないことを続けることで、熱狂的な最初の顧客を維持し続けることができます。逆に「スケールしないこと」をするのを諦めた瞬間、スケールしないことを続けている小さな競合のスタートアップに負けてしまいます。

なお、製品ができ上がるまでは、製品の開発スピードなどを成長の指標の代わりに置くとよいでしょう。

■「継続率と離脱率」で愛を測る

初期段階の製品で重要なのは継続率と離脱率です。継続率とは製品を継続して使い続けてくれる顧客の割合、離脱率とは顧客が離れていった割合を指すのが通常です。両者に共通しているのは、「どうやったら顧客が製品を使い続けてくれるか」という視点です。

継続率と離脱率に着目する理由はいくつかあります。

一つ目は、継続率が十分でなければ新たにユーザーを獲得してきても、あまり意味がないという点です。もし1週間後の継続率が50％しかなく、新規の獲得数がゼロであれば、100人のユーザーがいなくなるのにはわずか8週間程度しかかかりません。どれだけ新規顧客を獲得しても、継続して使ってもらえなければ数は増えません。

二つ目は、顧客を新たに獲得してくるより、使い続けてもらったほうがコストも安いという点があります。顧客の新規獲得にかかるコストは、顧客の維持のコストの5倍から25倍も高いという調査結果があります。また初期の顧客へのリーチは楽ですが、同じチャネルを使い続けていると徐々にそのチャネルが摩耗し、次第に新しい顧客へリーチする効率も悪くなっていきます。

また三つ目に、初期に使ってくれる熱心な顧客ですら離れてしまう製品では、新しい顧客はほとんど使ってくれません。だからこそ、ことさら初期は継続率を注視することが重要です。

これらの観点から考えても、どれだけの人が継続して使ってくれるか、という継続率に注目する必要があると考えられます。新しい機能を追加したときも、継続率に注目しておくことは有意義と言われています。そのためにも、定着度や行動の推移を確認できるコホート分析がいつでもできるよう、分析ツール（たとえばGoogleアナリティクス）を入れておくとよいでしょう。

なおSaaS（ネットなどを通じてソフトウェアを提供し、利用者が必要なものを必要なときに呼び出して使う利用形態）のような企業向け製品の場合、離脱率を測るのが普通です。

■「口コミ」で愛を測る

顧客に愛されているかどうかを測るもう一つのよい指標として、サム・アルトマンは自然

発生的な口コミを挙げています。

消費者向けでなく企業向け製品でも、ハードテックの製品でも、人から愛される製品なら、自然に口コミが起こると言われます。

なぜなら人事なら人事担当者、カスタマーサポートならカスタマーサポート担当者同士の、企業間を超えるつながりがあるからです。特にアメリカでは企業間の転職が頻繁なこともあり、前職のつながりなどからも様々な口コミが飛び交います。

そして口コミは長期にわたって維持可能なものであり、かつ最も低コストなマーケティング手段でもあります。口コミが起こるような製品を作れたら、いずれ一気に広がる可能性も高くなります。

ただし口コミはあくまで結果であることには注意してください。

自然発生的な口コミとは、その製品が顧客に愛されたときに初めて起こる現象です。低コストなマーケティング手段だからといって、最初から口コミを通じた顧客獲得を狙っても、継続率などの条件が十分でなければ顧客数はすぐに減ってしまいます。

口コミを狙うのではなく、よい製品を通して驚くような体験を提供すれば、自然と継続率は高まり、また口コミも発生します。もちろんそうした驚きは、製品ではないサポートやセールスを通して実現することもできます。この意味でも、「スケールしないこと」を極力長く続けることは製品全体にとって功を奏す可能性が高いと言えます。

■「マジックモーメント」は一刻も早く

継続率を高めるためには、自分たちの製品がもたらす最も価値ある体験、つまりマジックモーメントを早い段階で顧客に提供することが重要です。

たとえばアプリであれば、起動してから最初の60秒ほどで、魔法のような体験をしてもらうことが継続率を高める最も効果的な手段になると言えます。

そのためにはまず、「手がけた製品のマジックモーメントが一体何なのか」を知る必要があります。それは製品のユニークな価値提案が何であるかや、顧客が何を求めているかを把握するということでもあります。

Facebookならば、親しい友達による最新の投稿をいつでも見ることができる、ということがマジックモーメントの一つでしょう。であれば、Facebookへ登録した直後に、親しい友達とすぐつながってもらい、友達の投稿を見るまでのステップをいかに早く、楽にするかが重要になると考えるべきです。

特にユーザーに初めて使ってもらい、そこから定着させる過程を「ユーザーオンボーディング」と呼ぶことがあります。アプリに関してはユーザーオンボーディングの手法だけを集めた事例集もネット上にあるので、具体例を参考にしつつ、マジックモーメントの提示方法について考えてみてもよいでしょう。

アプリに限らず、自分たちが考える製品の最も大きな価値はどこにあるのかを常に考えながら、それをいかに早く顧客に体験してもらうかを考えることはとても重要です。ただし注意すべきは、「最初の体験がよい」だけでは継続利用に必ずしもつながらない、ということです。

継続のため、という意味でのマジックモーメントはまた別のところにあるかもしれません。もちろん最初の体験は重要ですが、それだけがすべてだとは思わないようにしてください。

Wufoo の創業者であるケビン・ヘイルは「新規顧客獲得はデート、継続利用は結婚」という比喩をしています。これが意味することは、まず恋に落ちてもらうことも重要ですが、そこから継続して利用してもらうために、つまり結婚生活をうまく進めるためには、どのように継続して愛し続けてもらうか考える必要がある、ということになるでしょう。最初の体験も、継続させるための体験も、両方が重要です。

■「メトリクス」を追跡する

シリコンバレーには「数字で測れるものを作れ」という格言があります。またドラッカーも「計測できなければ管理できない」という言葉を残しています。こうした言葉の通り、指針となる数字がなければ、自分たちが進んでいる方向が正しいのか分かりません。

だから、日々の進捗を測ることができる指標、つまりメトリクスを設定し、それを測り続ける必要があります。

メトリクスはチームの日々の判断や行動の基準となります。メトリクスが与えられると、従業員は皆、それを達成するために考えを絞り、奮闘するようになるからです。逆に言えばメトリクスの設定を間違えると、会社の進む方向も誤ってしまいます。

たとえばPV（ページビュー）をもっとも重要なメトリクスとした瞬間、関係者はPVを上げるための様々な策を考えます。その策とは、充実したコンテンツを作ることかもしれません。もしくは一つの記事を複数ページに区切り、ユーザーに何ページも表示させることで、結果的にPVを上げようとするかもしれません。あるいはあえて分かりにくいページ構成にすることで、訪問者を迷わせてPVを上げるような、ずるい策を考えるかもしれません。いずれにせよ、メトリクスを設定することで人はそれに沿った行動をし始めます。

　そしてメトリクスには往々にして副作用が付きものです。一つのメトリクスに注力すれば、必ず別のメトリクスが下がるか、もしくは何か悪い影響が起こることはほぼ避けられません。

　しかし、そうした悪影響が起こるのが分かっていたとしてもメトリクスは設定するべきです。メトリクスがあることで、行動基準が設定され、ボトルネックになりがちなコミュニケーションをも簡略化してくれます。そして悪影響が予見されるのであれば、その対策を打ってからメトリクスを設定することもできます。

　メトリクスの設定の仕方としては、メトリクスの変化を見たときに従業員が各々の判断で行動可能（actionable）なメトリクスにしておくとよいでしょう。また追跡するメトリクスとしては、遅行指標よりも先行指標を設定することが重要です。遅行指標とは、何か行動をしたときにしばらく時間が経ってから現れる売上などの数字です。先行指標は、それよりも先に変化が現れ、その変化から遅行指標や結果を十分に予測できる数字とされます。

　自分たちが行動したらすぐに変わるような先行指標をメトリクスとしておくほうが、行動に対する数字の反応が早く、より迅速な改善につながりやすくなります。いずれにせよ、結果が早く現れて、その結果を見て素早く行動を引き起こせるようにメトリクスを設定することがコツです。

そして、メトリクスを設定するのと同時に、それをどの程度まで達成したら成功と言えるか、という基準を決めておき、もし基準を達成しなければどのような行動を取るべきかを予め考えておくことも大事です。結果の善し悪しを見定める基準が決まっていないと、結果が出た後に、この結果がよかったのか悪かったのかを議論する羽目になり、チームに停滞を招きます。また基準が決まっていない状況は、何を学びたいのか、何を得たいのかが決まっていないということも意味します。

たとえば「Good」「Better」「Best」といった順番で、それぞれ週次「５％」「７％」「10％」のアクティブユーザー数の成長を狙う、といった基準を設定しておくというのが一例です。

そしてその基準を達成できなかったときには、どのように行動を変えるべきかを予め話し合っておくことで、結果を議論する時間を設けることなく、すぐに行動を起こすことができます。このように、メトリクスは将来のシナリオを描く助けにもなります。

■メトリクスが従うのは「ビジョン」

メトリクスの設定は製品のビジョンによって異なります。だからこそその設定は、プロダクト体験の責任者であるＣＥＯや製品担当者の役目です。他の誰かに任せられる類のものではありません。

たとえばメッセージアプリを考えてみたとき、最も重要なメトリクスに何を設定するべきでしょうか。一日あたりにやりとりされた総メッセージ数なのか、それとも一ユーザーが一日にやりとりするメッセージ数なのでしょうか。メッセージの文字数でしょうか、ユーザー同士がメッセージに反応するまでの時間でしょうか。

またはアクティブユーザーの「アクティブ」とは何をもって考えるべきでしょうか。たとえばＳＮＳサービスなら、ログインした瞬間にアクティブなのか、投稿したらアクティブなのでしょうか。他人に「いいね」をつければ、記事シェアをすれば、もしくは特定の機能を使えばアクティブとするべきでしょうか。

「アクティブ」という言葉一つとっても、その定義は製品によって異なります。なぜならそれは、製品のビジネスモデルや、スタートアップが実現したい世界観が異なっているからです。

メッセージアプリでもSNSでも、先述のように色々なメトリクスを設定することができます。その中からどのメトリクスを選ぶかにより、その製品の次の機能や、さらにその次の機能が決まり、製品そのものを形作っていきます。

そう考えていくと、メトリクスは製品がいずれたどり着きたいビジョンに従って設計するべき、と言えます。

かつてYouTubeは、視聴回数を重要なメトリクスとして設定したときがあり、それに準じて検索結果を変えたそうです。そうしたとき、検索結果の上のほうに出てくるのは数秒の短いビデオばかりになりました。それもそのはず、短いほど再生回数が簡単に増えるからです。

しかし果たしてそれでよかったのでしょうか。短いビデオがひたすらアップされ、評価されて皆がそれを見るような世界をYouTubeというサービスは目指していたのでしょうか。まさにこうしたビジョンに基づいた話し合いを製品担当者たちが行った結果、このメトリクスは変更されたそうです。

Mediumというブログプラットフォームが採用したメトリクスは「総読書時間」でした。彼らがMediumというサービスを通して実現したかったのは、「オンライン上でクオリティの高いよい文章を長く読める」というビジョンだから、このメトリクスを採用したそうです。さらにそうした世界を実現するために、彼らは広告を基本的には排除し、パブリッシャー側からお金をもらうというモデルを作っています。

通常のメディアは、総読書時間ではなくPVを最重要なメトリクスとして設定します。それは来訪者が見る広告が収入源であり、メディアの広告料はPVが上がれば上がるほど高くなる傾向にあり、メディアが収入を伸ばすためにはPVをメトリクスに置くことが理にかなっているからです。その結果、悪い面としてPVを稼ぐために先述したずるい仕組みを設けたり、挑発的なタイトルで注意を引いたり、もっと酷いときには虚偽の記事内容を掲載したり、他のサイトの情報を転載したりする、といった事態が起こることもあります。

もちろん従来のメディアと、広告を廃したMediumのどちらがよいのかは分かりません。少なくともこれまでは維持可能であり、その意味で検証済みのビジネスモデルなのは従来型のメディアサイトでしょう。スタートアップは新しいビジネスモデルに挑戦する側面もあるので、Mediumがこれから黒字化して、その価値を提供し続けることができるかどうかは、本書の執筆時にはまだ分かっていません。

ともあれ、似たような製品でも、メトリクスはビジョンによってまったく異なる設定がされていること、そしてそうあるべきだということがお分かりになったかと思います。

■メトリクスは「一つ」

スタートアップが追いかけるメトリクスは一つに絞るべきです。資源の少ないスタートアップにとって、たくさんのメトリクスを設定してもあまり意味がないどころか、視点や行動がぶれてしまうので、よいことはまったくありません。

『Lean Analytics――スタートアップのためのデータ解析と活用法』（アリステア・クロール、ベンジャミン・ヨスコビッツ著、エリック・リース編、角征典訳、オライリージャパン）ではこうした唯一の最重要なメトリクスのことを、文字通り「One Metric That Matters（略してOMTM）」と記しています。ほかにも、最重要なメトリクスを「North Star（北極星）」と呼ぶ企業もあるそうです。いずれにせよ、一つの重要なメトリクスが決めることの大事さはどの企業でも共通です。

どのメトリクスが正解か分からない中で、一つのみに絞るのは非常に難しい選択であり、恐ろしさすら感じるはずです。それでも人員の少ないスタートアップでは、全員が同じ方向に向かなければ卓越した実行力を発揮することができません。重要なのは追跡するメトリクスを絞ることです。特にスタートアップの初期であればあるほど、一つのメトリクスを全員で追いかけるべく設定してください。

もう一つ重要なのは、追いかけるべきメトリクスは時期とともに変わる、という認識を持つことです。

Facebookの場合、設立初期は登録ユーザー数を追いかけていました。しかし次第にユーザー数の伸びや継続率が落ちてくると、月間のアクティブユーザー数を最重要メトリクスとして設定しなおし、そこにユーザーを増やすことを命題にしたグロース（成長）チームを作ることで、会社を停滞から救ったと言います。

組織や製品の成長において、ボトルネックは常に移動します。今はどこにボトルネックがあって、どのメトリクスを設定することが適切か、状況を見て変えていく必要があります。また会社が大きくなれば、バランススコアカードのように、多くのメトリクスが必要になってくるかもしれません。

しかしスタートアップは今まさに重要な数字を一つに絞り、それを全社で向上させるべく、フォーカスを続ける必要があります。メトリクスを絞ることで、戦略と同様に「何をしないか」を自然と明確にすることができます。

■追跡は「徹底的に」

設定したメトリクスを常に追いかけ続けるようチームに徹底する、というのは経営層にしかできない仕事の一つです。毎日、毎週、毎月といったタイミングでその数字を追跡し、状況が悪ければ、打開するための対策を打つ必要があります。

最近では、メトリクスの追跡に有効なレポーティングツールがたくさんあります。特にソフトウェアの領域では既存のそうした確認ツールを製品に組み込めるので、数字の追跡自体はさほど難しくありません。重要なのは情報を透明化し、その数字を日々追跡しながら、数字に現れる結果を徹底的に周知して行動してもらうことにあります。

そもそもメトリクスの最新状況が分からなければ、チームの判断は、昔の情報を頼ったものになってしまいます。それでは価値ある判断ができません。そのため、最新の情報を共有できる透明性と、自律的に行動してもらうための権限委譲が必要となります。

Airbnbではその初期、成長率を最重要のメトリクスとして追跡していました。そのときには、冷蔵庫や床、トイレなど、オフィスのあちこちに現在の成長率を書いた紙を貼り、常に最新の数字を従業員の人たちみなが見えるようにしていたそうです。他にも多くのスタートアップが、自分たちの最重要のメトリクスを見えやすい場所に掲示し、従業員に伝える努力をしています。

メトリクスは社内のコミュニケーションを簡略化してくれますが、メトリクスの状況を正確に伝え続けるためには効果的なコミュニケーションを行い続ける必要があります。こうした状況を見て、レポーティングツールの社内での利用状況を常に計測したほうがよいとも言われます。創業者が会社のビジョンをチームに説き続けなければ伝わらないのと同様、メトリクスもそれぐらい追跡しなければ、チームに情報は伝わりません。

メトリクスの追跡において、もう一つ重要な点として、開示した数字に対して言い訳をしてはならない、というものがあります。特にスタートアップの経営層は誰からもそうした言い訳を咎められないため、自分たちを厳しく律する必要があります。「今は開発に集中しているから」「今週はイベントだから」といった言い訳を一度でもしてしまえば、それが常態化してしまいます。

設定した以上、経営者自らが、それを徹底的に追い続ける姿勢を見せなければ、現場の誰もがメトリクスを軽視してしまい、メトリクスを設定する効果はなくなってしまいます。そして現実問題として、徹底して追跡し続けることを多くのスタートアップではできていません。逆に言えば、適切なメトリクスの設定と徹底的な追跡を実現するだけで、他のスタートアップよりも一歩抜きん出ることができます。

■「サポート」は製品開発だ

スケールしないこと、そして顧客に製品を使い続けてもらうために重要な役割を果たすのがカスタマーサポートです。

カスタマーサポートと聞くと、リリースの後処理やクレーム処理のようなイメージを持たれている方も多いかもしれません。しかしスタートアップでは、決してそうではありません。**スタートアップにとってのカスタマーサポートとは、製品以外の体験を提供できる重要な活動です**。つまり、より広い意味でのプロダクト体験をよくするための重要な一要素です。むしろ製品そのものより、親身なサポートをすることが差別化要因になることもあります。サポートを強化することで、スタートアップは製品以上の体験を顧客に提供することができます。

さらに言えば、スタートアップにとってのサポートとは、「製品開発の一要素」という認識が必要です。なぜならサポートをうまく行うことで、製品の改良点が見つかるからです。

特に製品を出した直後に寄せられたユーザーからの問い合わせは宝の山です。誰が買ったのか、どういう使い方をして問い合わせをしてきているのかなど、直接ユーザーの声が聞ける機会は、製品開発へ直接的な示唆を与えてくれます。

そのため、旅行に特化した検索エンジンを手がけるKAYAKというスタートアップは、そのエンジニアリングルームの真ん中に赤い電話を置き、エンジニアに強制的に顧客サポートをさせる体制を取っていました。その結果、エンジニアは顧客からの質問を体感として理解し、彼らが求めるものが分かるようになり、その結果を製品に反映させることができました。

また先述のWufooは、エンジニアが持ち回りで顧客サポートを行っていたそうです。彼らは「どれだけ直接ユーザーと関わったかが、製品のデザインを決める」という信念を持っていて、毎週4時間から8時間、エンジニアが直接顧客対応をしていました。合計すると、開発者が用いた時間のうち約30％をカスタマーサポートに当てていたとすら言われています。彼らはこの開発形態を「サポート駆動開発」と呼んでいます。

こうしたサポートと開発を続けた結果、Wufooがスケールし、多くのユーザーが使い始めた後も、サポートへの問い合わせの件数はさほど多く伸びませんでした。

これは、サービスの初期からユーザーから得た声を活用し、製品の使いやすさを向上させていたほか、Q&Aを充実させることでユーザーが自分で問題を解決できるような情報を十分に出していたので、結果的にユーザーが増えてもサポートにかかる工数があまり変わらなかったのでは、と彼ら自身で分析しています。

チャットサービスを手がけるSlackでもCEO自ら、半年間、ほぼ毎日サポートをしていたそうです。Airbnbの共同創業者であるジョー・ゲビアも、Y Combinatorにいる期間中、ずっとヘッドセットを付けて歩き回り、ユーザーからの問い合わせに答えていたシーンを目撃されています。

こうしてサポートを創業者自身が行うことで、顧客に愛されるよりよい製品を長期的に作っていくことが可能となります。そして優れたサポートは、顧客を熱狂的なファンに変えて、自分たちの代わりに製品を宣伝するエバンジェリストにしてくれます。

エバンジェリストとなった顧客は、下手をすると従業員よりも効果的に自分たちの製品のよさを伝えてくれます。つまり、優れたサポートは説得力のある口コミを引き起こすきっかけになりえます。

大企業の多くは、そこまでクオリティの高いサポートはなかなかできません。だからこそそれがスタートアップにとってまた差別化となります。顧客とＣＥＯが個人的なつながりを持つことができるのはスタートアップだけです。

注意点としては、満足度は最高でないと意味がないという点です。

２０００年代前半にゼロックスが行った顧客対応についての調査によれば、「満足した」と答えた顧客のうち、実は75％もの顧客が離反していったそうです。一方で「とても満足した」と最高評価を付けた顧客では、その契約継続率は「満足した」と答えた顧客の6倍にまでなりました。

とある航空会社では「とても満足」という評価だった顧客の再利用率が80％以上だったそうですが、「満足」の顧客では30％に満たず、「普通」「不満足」と答えた顧客の利用率と大差なかったそうです。

最大の満足度を獲得し、継続率を高めて口コミを起こすためにも、スタートアップは顧客と直接触れ合うような「スケールしない」サポートをする必要性があると言えるでしょう。

■これから必要なのは「カスタマーサクセス」

製品を使い続けてもらうためには、顧客から問い合わせが来るのを待つのではなく、こちらから積極的にサポートし、顧客を成功に導く姿勢が必要です。顧客は製品を使いたいわけではなく、あくまで製品を使った成果として、作業の自動化や効率化という成功が欲しいはずです。なのに成功体験にまでたどり着けずに諦めてしまうことがよくあります。そしてトライアル期間中や製品を一度使っただけで使い続けることを諦め、そのまま離れていってしまいます。

そうした状況を鑑みて、最近では企業向け製品の領域ではカスタマーサクセスという部署が新設されるようになりました。これは顧客からのクレームを処理するのではなく、どうやって自分たちの製品を使ってもらい、彼らを成功（サクセス）に導くのかといった、サポートの一歩先を実践することがその役割です。

アクティブなサポートの取り組みは収益にも反映されます。たとえば音楽配信などで見られる定額制サービスを指すサブスクリプションビジネスでは、その売上の70～95％は契約更新やアップセル（より上位の製品を求めること）に由来すると言われています。そして高い満足度を得た顧客は、さらに新規顧客を呼び込みます。企業向けのような、口コミが生まれそうにない製品ですら、84％が紹介を契機に広がっているそうです。

何よりこうした積極的なサポートは、製品へのフィードバックを得るという意味で、とてもよい機会になります。特に顧客が少ないスタートアップの初期において、受身のサポートをしていては顧客の声を集めることができません。こちらからアクティブにサポートをすることで、顧客の反応を待つ時間が不要となり、迅速にプロダクト体験へのフィードバックを得ることができます。

■「セールス」も製品開発だ

サポートと同様、セールスも製品開発の一要素です。

セールスや顧客獲得を通して、製品に関するリスクの検証や顧客に関する洞察を得ることができます。たとえばどこでセールスが断られるのか、逆にどのような機能を見せれば購入してくれるのか、どういうデモが受けるのか、といった体験は製品開発によいフィードバックをしてくれます。B2Bの製品の場合なら、セールスを通して意思決定プロセスや導入プロセスなどを知ることができるでしょう。買うことや導入を断られたときですら、セールスを通じてその理由を聞くことができるのは大きなメリットです。

セールスの重要性は多くの人たちが指摘しています。それなのに、技術に強いバックグラウンドを持つスタートアップほど、その創業者は「よいものを作れば顧客は来てくれる」という信念を持ちがちです。残念ながら、そんなことは滅多に起こりません。

情報があふれる現在、多くの人たちはスタートアップの製品を知る機会や時間が十分にありません。きちんとアピールしなければ、製品を試してもらうどころか、存在自体を知ってもらうことすら叶わないのが現在の状況です。そして仮に知ってもらったとしても、その後きちんとお金を払ってもらうまでには長いステップが必要です。

Google のような優れたテクノロジを持つ企業ですら、優秀なエンジニアを雇いながらも一方でセールスを高給で雇っていることから、優れた製品だけでは十分な収益を効率的に上げられないことが分かるのではないでしょうか。

泥臭いセールスを嫌うスタートアップも多々見かけます。そんなスタートアップほどマーケティングをすることでセールスの代わりをしようとしますが、マーケティングに頼るスタートアップは結果的に失敗することが多くあります。なぜなら、マーケティングでは顧客からの手痛い反応が返ってこないからです。

スタートアップの初期において重要なのは早く失敗することです。セールスは顧客と直接向き合うため、製品への手痛いフィードバックや反応を直接感じることができます。そしてそのセールスの失敗経験を活かして早く製品を改良できます。

一方、マーケティングは明確な失敗体験や手痛いフィードバックを与えてはくれません。マーケティングに力を入れることで短期的な失敗を避けることができますが、製品を改良するためのフィードバックを得ることは難しく、その結果、長期的に見たときには製品や会社の失敗を引き起こしてしまいがちです。

もちろん、相当の自信や経験があるのであれば、最初からマーケティングやブランディングに注力するのもよいのかもしれません。ただ一般的には最初はセールスに注力して顧客からの手痛いフィードバックを得るべきだと言えます。**ピーター・ティールも「優良企業の営業戦略は、小さく始まるものだし、またそうでなければならない」と述べています。**

さらに、セールスや初期の顧客獲得は、創業者自身がするべきです。

創業者の責任はどんなことをしても、最初の顧客を確保することにあります。そしてそのやり方は会社ごとに違っています。

たとえばそれは、1日100通のメールを顧客に送ることかもしれません。知っている人に片っ端から電話することかもしれません。イベントに行ってただひたすらユーザーに試してもらうことかもしれません。

とにかく最初の数百社、もしくは数百人に対しては創業者自らがアプローチするつもりで臨んでください。たとえばCleverという教育系スタートアップの創業者は、Y Combinatorに入った最初の2ヶ月間で４００社に自ら電話でセールスをかけたそうです。

セールスといえば企業向け製品のことばかり考えてしまうかもしれませんが、セールスを行わなければならないのは無料の消費者向けのサービスなどでも同様です。初期のユーザーは、セールスと同じような手法によって獲得します。

創業者の知り合いですら使ってくれないのなら、その製品はおそらく流行りません。創業者が直接誰かにアプローチしてもインストールしてくれないのなら、広く告知しようが、誰も使ってもらえないものとなるでしょう。

そして、世界で最もプロダクト体験に対する情熱と理解が深い創業者ですらセールスに失敗するようなら、他の人に任せても売れるわけはありません。まったく新規の製品であればあるほど、作ったあなた自身がセールスをすることこそ、最も成功率の高い方法です。

ただ、結論を言えばセールスの多くは失敗します。スタートアップのイノベーティブな製品を最初に評価してくれるようなイノベーター層は、本当にわずかしかいません。おそらく１００人にアプローチして、98人には断られることになります。ということは、５００人にアプローチして、ようやく10人の顧客を獲得できる、ということです。

逆に言えばセールスはナンバーゲームとも言えます。これはつまり、数多く当たれば当たるほど、目標の数値を達成できる可能性が高まる、ということでもあります。

そのためには途方もない数の営業をする必要がある、という悪いニュースのようにも聞こえます。しかし一方でよいニュースがあるとすれば、「最初の（これまであなたと関係のなかった）10人のお金を払ってくれる顧客は、これから得られる1000人の顧客とほとんど同じ特性を持つ傾向にある」ということです。たった10人からの売上は、ビール1杯分の売上にしかならないかもしれません。しかしそれは成功の予兆です。まずはとにかく10人の顧客を捕まえてください。

優れた製品を作り、それを優れた方法でセールスするまでが、創業者の役割です。

■セールスは「聞く」こと

続けてセールスについてもう少し考えてみましょう。

セールスについて最も誤解されていることと言えば、セールスは売り込むことではなく聞くことである、という点でしょう。これも反直観的かもしれませんが、セールスは話すことではなく聞くことから始まります。特に顧客の課題を聞き出すことが重要です。

自社の製品という解決策のことを話すのは後回しで構いません。実際、セールスパーソンは聞く時間を70％以上にするべきだと言われています。つまり、自分たちの製品のことを話す時間は30％ぐらいで構わないのです。まずは顧客の課題を聞く。それが成功する営業活動の秘訣です。

そしてセールスにはスピードが大事です。たとえばウェブから問い合わせがあったときに、5分以内に電話をすることで顧客の反応は圧倒的によくなるというデータがあります。顧客の35～50％は最初に反応したベンダー（販売元）を選ぶとも言われており、早く問い合わせに答えることで成約率はグッと高まります。

さらに、粘り強く交渉を続けることも重要です。

どんなに製品を買いたいと思ってくれている顧客でも、フォローアップしなければつい返信を忘れてしまいます。どんなに買いたいと思っていても、です。少なくとも6回程度は連絡したりリマインドしたりする必要があると言われています。

こうした反応の素早さやリマインドを忘れないようにするために、うまくＩＴを活用してください。

■「ディストリビューション」がボトルネック

ディストリビューションは幅広い解釈のできる言葉ですが、ここでは製品が顧客に届けられるまでのすべての流通過程を指すことにします。直接販売の営業活動だけではなく、代理店を通した販売活動、広告、マーケティング、ビジネス開発、口コミ、すべてがディストリビューションです。そしてディストリビューションはスタートアップが急成長を行う上で、隠れたボトルネックになりがちです。

ボトルネックになる理由の一つは、ディストリビューションが軽視されがちだからです。先程述べたことにも似通いますが、人はよいものを作れば顧客が自然とやって来ると考えがちです。しかし決してそんなことはありません。

ピーター・ティールは「何か新しいものを発明しても、それを効果的に販売する方法を創り出せなければ、いいビジネスにはならない。それがどんなにいいプロダクトだとしても」と記し、スタートアップがディストリビューションを軽視する傾向に警鐘を鳴らしています。

ディストリビューションがボトルネックになる理由の二つ目は、特定のビジネスにはほんの一部のチャネルしか有効ではなく、ディストリビューションはコストをかければかけるほど効果が上がるというものではないという事実です。**これはディストリビューションの根幹**

を成すチャネルにも「べき乗則」が適用される傾向にある、とも言い換えられるでしょう。

そしてピーター・ティールに言わせれば、ほとんどのビジネスにおいて失敗する原因は、きちんと機能するディストリビューションのチャネルを持てず、貧弱なものしか持っていないことにあるそうです。

これもまた反直観的ですが、極端に有効なチャネルを見つけるなどして、ディストリビューションに優れれば独占に一歩近づけるということです。逆に言えば有効なディストリビューションの方法を見つけられなければ、スタートアップは死んでしまうことになります。そうした性質があるからこそ、初期にスケールしないセールスをしていく必要があるとも言えます。

セールスはディストリビューションの検証にも使えます。顧客が自分たちのことをどこで知ったのか、またはどういうものがあれば嬉しいのか、彼らは普段何を見ているのかなど、セールスを通じて顧客のことを大いに学ぶことができます。その中で最適なチャネルやディストリビューションの方法を知るきっかけを得ることができるでしょう。

昨今、スタートアップを始めるのは安く簡単になりましたが、スケールするための競争は激しくなっています。かつてはスタートアップのアプリが多くランキング上位に入っていた

App Storeは、今やほぼ大企業によって寡占され、ランキングの変動も少なくなっています。

またスタートアップの初期には競合がひしめき合う成熟したチャネルでなく、理想的な顧客へリーチできる、自分たちのビジネスに特有のチャネルを見つけるべきと言えます。それを見つけるためのコンパスは、顧客以外にありません。

そして顧客を理解するための近道は、彼らと直接話すことであり、それはセールス、サポート、顧客インタビューといったような手段によって実現されます。

■実行方法を「ハック」する

世界にはハッカーと呼ばれる人たちがいます。

不正アクセスを受けたことを指して「ハッキングされた」としばしば言われますが、もともと「ハッカー」とは、一般の人よりも深い技術的な知識を持ち、その知識を利用して問題を解決する人や機転の利く人、創造する人たちを指していました。今では不正アクセスなどの悪しき行為をする人たちは「クラッカー」と呼び、ハッカーとは使い分ける傾向も見られます。

昨今のシリコンバレーのスタートアップでは、そうした技術に秀でたハッカーたちが創業者になる傾向が多く見られます。彼らは技術的な部分で正にハックをし、卓越した製品を作ります。**ただし、スタートアップにおいてはその精神をより拡大して、スタートアップの経営そのものをハックしていく、という考えも必要でしょう。**

たとえば「実行」はハックされるべき対象の一つです。

スタートアップを経営していく上では多くのことを実行しなければいけません。その中で意識しておくべきなのは、「より効率的に実行できないか」という点です。

ここまででもよくお分かりのとおり、普通のやり方では、大企業に勝てません。Facebook がかつて「Move Fast and Break Things（速く動いて物事を壊せ）」を標語に掲げ、一気に成長を遂げたように、スタートアップにはスタートアップのスピードだからこそできる、実行の方法があるはずです。

クラウドストレージサービスの Dropbox は一時、道行く人たちへスターバックスのコーヒーをごちそうする代わりに顧客インタビューをしていました。こうすることで、コーヒー1杯の値段で顧客の声が聞けます。大企業のやり方でやれば、1ヶ月くらいかかるかもしれないインタビューを、わずかな時間で終わらせることができます。機転を利かせることで、スタートアップにとって最も重要な資源である、時間を節約することができるのです。

Twitter はテキサス州のオースティンで行われるイベント、SXSW で2007年にイベント・プロモーションを「ハック」しました。

よく見られるような展示ブースを用意するのではなく、会場に設置した大型のモニターに、SXSW に関する呟き、いわゆるツイートを表示させ、さらに彼らは SXSW 用の機能を Twitter そのものへ特別に追加しました。特定の文字列を呟くと、Twitter のアンバサダーを自動的にフォローできるような仕組みを持たせたのです。結果、SXSW 前は毎日2万程度しかなかった関連ツイートが、イベント期間中に6万まで向上することができました。

同じ SXSW を使ったハックとして、Belly というロイヤリティプログラムを提供するスタートアップがいます。彼らはイベント開催前から SXSW の開催地であるオースティンに入り、自社サービスを先んじてオースティンの各店舗に展開していました。こうすることで、イベント参加者が来たときにはオースティン中の店舗が Belly を利用している状況になり、SXSW に来た顧客候補やプレス、インフルエンサーに対して、Belly の提供するプログラムの認知度を一気に高めることに成功しました。

このように、イベント一つとってみても、大企業と同じ方法で参加や出展をするだけではない「ハック」が可能です。そうすることで、同じ費用をかけていても、より大きな効果を得ることができます。また最新のSaaSを使って効率化を行ったり、新しいチャネルを使ってマーケティングを実施したりするのも、ある種の「ハック」だと言えるでしょう。

Y Combinatorも「過去にハックした経験」を重要視し、出資を検討するスタートアップに訊ねていたことがあったそうです。

ただし、ここで言うハックも法律的にグレーな行為を行うことや、もしくは倫理にもとる行為を行うこと、ズルをすることを意味してはいません。重視しているのは、あくまで「どうやって既存のシステムや既存の考えをする人たちを出し抜いたか」という点です。

なぜかは分かりませんが、スタートアップは悪しき行為にまで手を出してしまいがちです。しかし創業者である以上、かなり長い間、自分の会社で働かざるを得ません。仮にもし自分の会社が倫理的ではない行為のはびこる会社になってしまったとき、そんな環境であなたは働きたいでしょうか。

その答えが「ノー」であれば、高潔であり続ける努力をする必要があります。「ハック」という言葉の意味をくれぐれも履き違えないようにしてください。

■最後のプロダクトは「チーム」

ここまで理想とするプロダクト体験を提供し、スタートアップとして要求される成長を遂げるところまで一通り解説をしました。もし顧客の欲しがるプロダクト体験を作れていれば、組織もそれなりに成長を遂げているはずです。しかし組織が成長していけば成長していくほど、徐々に創業者は製品作りの中心から離れていき、会社作りに多くの時間を割いていくことになります。

その兆しが見えてきたら、どうすれば組織としてよい製品を作り続けられるようにするか、どういう人を製品担当者として据えていくかを考え始める必要が出てきます。一般的には「25人を超えたら、製品作りから会社作りへ創業者の仕事は移る」と言われます。

その段階に入ってくると、ある意味で「優れたプロダクト体験を作り続けるチーム」こそ、創業者にとってのプロダクトになってくるのかもしれません。

直接製品作りに関われる期間は、創業者が行う会社作りの中で最も楽しい期間の一つです。そして創業者が製品だけに集中できるフェーズは思っているよりも短いことが多いのです。

その期間をまずは十分に楽しんでください。

この章のまとめ

- まず何よりも人が「欲しがるもの」を作ることが重要です。
- 製品「以外」もプロダクト体験として認識することで、打てる手は大きく広がります。
- プロダクト体験は「仮説の集合」です。まず最も大きなリスクを抱える仮説から検証を始めてください。
- スタートアップにとって大きなリスクとは、顧客にとって「ニーズがあるか」である場合がほとんどです。その確認のためにもシンプルなものをとにかく「ローンチ」して、顧客の反応を見ながら改善しましょう。
- 多数に好かれる製品よりも、「少人数から愛される」製品を作ってください。そのためには「スケールしないこと」をすることが重要です。そして「継続率」を追い続けてください。

■「サポート」と「セールス」は製品開発の一種と捉えるべきです。面倒な仕事を避けず、これらのスケールしないことを創業者自らが行ってください。

コラム　スタートアップはモメンタムを失ったら死ぬ

スタートアップが最も気にするべきなのは成長率、そしてモメンタム（勢い）です。モメンタムがある間は、製品の開発や改善もうまくいき、採用に困ることもなく、仮に長時間労働の時期が発生しても、従業員の士気が下がることはありません。悪い出来事が起こってもモメンタムがあれば傷を癒やしてくれます。

しかし一度モメンタムを失えば、驚くほど簡単に従業員の心は離れていきます。

スタートアップに参加するような人たちは、「会社が日々成長することを通して自分たちも成長しているのだ」という高揚感を味わうために参加している面があるので、それは当然とも言えます。

モメンタムを失うとどうなるでしょうか。まず不満や離職者が出始めます。そして一気に悪いムードに陥り、次第に製品の開発スピードが落ちていきます。そうなるとCEOは雑務や追加採用、人間関係の修復に追われ、会社や製品を前に進めることができなくなります。そしてさらにモメンタムが落ちていく、といった負の連鎖が始まります。

この現象を、サム・アルトマンは「スタートアップはモメンタムによって生き延びる」とまとめています。

スタートアップは決してモメンタムを失ってはいけません。常に今のモメンタムに気を配り、そしてモメンタムをどうやって維持するかを考え続ける必要があります。特にCEOや役員層がモメンタムの喪失を感じ始めたのであれば、すでにほとんどの従業員が、それを実感しているので、早急に手を打つべきです。

そしてモメンタムが十分にある間に、それを失っても従業員が残ってくれるような会社の体制を整えていく必要があります。それを具体的に言えば「従業員に仕事や仲間を好きになってもらう」ということです。シリコンバレーで著名な投資家であり、起業家であり、『HARD THINGS——答えがない難問と困難にきみはどう立ち向かうか』（滑川海彦、高橋信夫訳、日経BP社）の著者であるベン・ホロウィッツいわく、「物事がひどく悪い方向へすすんだとき、社員を会社に留まらせる唯一の理由は、その仕事が好きということだけ」です。

最初のモメンタムを得るためのベストプラクティスとは、素早く製品を作り、とにかくローンチすることです。素早くローンチするメリットは以前にも触れましたが、このメリットは顧客とのやり取りを素早く始められるだけではなく、社内にとってもよい面があります。

不格好でもいいので、製品がリリースされれば、それだけで社内は最初のモメンタムを得ることができます。そして何より、顧客の反応を見て次の一手が明確に見えてきます。逆に延々と製品がリリースされないとチームには停滞感が発生します。Apple の創業者であるスティーブ・ジョブズが言ったように、「真の芸術家は出荷する」のです。

またモメンタムをうまく作り出す方法としては、小さなチャンク（まとまり）に分けて、それを一つひとつクリアすることで勝利を着実に積み重ねる、というやり方があります。大きな野望でも、それを小さなプロジェクトに分割して、それぞれのプロジェクトで勝利を積み重ねていくこと、そしてその勝利を重ねるサイクルタイムを早めることがモメンタムを作る秘訣と言われています。

特にハードテックスタートアップと呼ばれるような技術的に難しいことを目指すスタートアップや、大きな社会的インパクトを狙うスタートアップほど、つい最初から大きなサイクルで物事を回しがちです。大きな野望や社会的意義があるから、難しい課題だからといって、一足飛びに大きなプロジェクトをするのは悪手です。そうすると必ず途中でモメンタムを失ってしまいます。

Y Combinatorでは、そうしたハードテックスタートアップに対し、小さなリソースでも取り組める、最適な大きさのプロジェクトに分割するようなアドバイスをしています。そうして初期からモメンタムを得ていくことがコツです。

些細な勝利でも構いません。自分たちが確かに顧客の心を摑み始めている、ということを社内外に示し続け、そしてモメンタムを維持し続けてください。それが続いていけば、いつの間にか会社も製品も大きくなっているはずです。

第４章

運

それはコントロールできる

これまでスタートアップがコントロールできる要素として、アイデア、戦略、プロダクトについて解説をしてきました。

スタートアップが成功するためには、この三つに加え、卓越した実行力や優れたチームが必要です。しかしこれらに関しては「反直観的」な項目が少ないため、本書では省略しています。

しかし仮にアイデア、戦略、プロダクト、実行力、チームのすべてをうまくできたとしても、ある要素が不足していればスタートアップは成功しません。それは、「運」です。

運とは一見するとまったくコントロールできないもののように感じます。しかし、運も要素に分解していくことで、ある程度コントロールできる部分を見出すことができます。

自分たちでコントロールできる部分を把握できれば、あとはその要素を最大化することが事業の成功につながります。**そして創業者のスキルとして、数パーセントでも成功確率を上げること、運をコントロールすることは必要不可欠です。**

そこで本章ではスタートアップの「運」に関し、様々な観点から検討していきます。

■起業家の「リスク」とは

起業家に対して、「リスクを取る人」という認識は未だ根強く、起業を勧める立場からも「リスクを取らないリスク」といった威勢のよい文句を言う人がいます。

しかし大成功した起業家だからといって、むやみにリスクを取っているわけではありません。

アダム・グラントは著書『ORIGINALS』で、「起業に専念せずに本業を続けた起業家は、本業を辞め、起業に専念した起業家より失敗の確率が33％低かった」という研究結果を引用しています。この結果が正しければ、リスクを嫌っている起業家のほうが成功する可能性は高いということになります。

また、コンサルティング会社であるプライスウォーターハウスクーパースがビリオネア（億万長者）についてまとめた書籍『10億ドルを自力で稼いだ人は何を考え、どう行動し、誰と仕事をしているのか』（ジョン・スヴィオクラ、ミッチ・コーエン著、高橋璃子訳、ダイヤモンド社）でも、特段彼らにリスクを好む傾向は見られなかったと言います。

例として、起業家でビリオネアであるビル・ゲイツについて考えてみましょう。

彼は会社を始めるためにハーバード大学を中退した、と各所で喧伝されています。しかし実態としては、学部2年生で事業を開始したあとも、1年は学業を継続していたそうです。しかも事業に本腰を入れるとき、退学ではなく休学しています。つまり彼はいつでもハーバードに戻れる選択肢を残していたのです。

前述した『ORIGINALS』によれば、起業家の取っているリスクの多寡《たか》をトータルとして見てみれば、普通の人とそれほど変わらないようです。ただしそのリスクの取り方が少し異なります。その特徴的なところとして、特に以下の3点を紹介します。

①起業家はリスクのポートフォリオ管理をする

成功する起業家ほど、リスクのポートフォリオを持っています。つまり、ある分野で危険な行動を取るのであれば別の分野では慎重に行動することで、全体的なリスクのレベルを相殺しようとする傾向があるようです。

たとえば起業の前に、確実な収入源や資金源をどこかに用意しておいて、安全網がある状態で危険な賭けをする、といったような行動が例として挙げられます。大成功した起業家の中には親が金持ちだったり、一度失敗した程度ではキャリア上の不安がなかったりする人が多々いるのも、こうした安全網を持っているからなのかもしれません。

スタートアップ以外にも目を向けてみると、アインシュタインやカフカといった著名人も同じようなことをしていました。アインシュタインは特許庁に勤めながら相対性理論という突飛な思索にふけり、カフカは保険局員として勤めながら『変身』などの不条理な小説を書きました。

彼らもまた、安全な収入源を確保できていたからこそ、挑戦的な課題に取り組むことができたと言えるでしょう。

2 起業家はタイミングを待つ

先行者利益のところでも話しましたが、リスク選好的な人はとにかく一番乗りすることに執心しがちです。しかし成功する起業家は、適切なタイミングまで待つ傾向にあるようです。たとえば14年に行われたソフトウェアのスタートアップを調べた研究では、ベンチャーキャピタルが話題にするような、ホットでトレンドの市場に急いで参入すると、参入した起業家の会社の生存率や成長確率が低くなることが分かっています（Pontikes & Barnett)。

逆に、市場の過熱が過ぎ去ったころまで待つことができた起業家や、いわゆる〝悪い〟時期に参入した起業家ほど成功の確率が高くなるとのことです。

③起業家はリスクを相対的に評価する

普通の人は今あるものを失うリスクのほうを恐れます。しかし『10億ドルを自力で稼いだ人は何を考え、どう行動し、誰と仕事をしているのか』によれば、ビリオネアはどうやらそうではなく、今あるものを失うリスクよりも、チャンスを逃すリスクのほうを恐れるそうです。具体的に言うと「今あるお金を失うリスク」を嫌がるのではなく、「将来の可能性を逃すリスク」を嫌がるのがビリオネアの傾向として挙げられています。

起業家はハイリスク・ハイリターンだけを狙うような人と見られがちですが、以上の三つの点を見てみる限り、実態は少し違っていることが分かります。そしてリスクの取り方が少し違っているがゆえに「人とは違う運を摑んでいる」と言えるのではないでしょうか。

■「バーベル戦略」でブラック・スワンを回避する

２００８年の金融危機を予測したとされる『ブラック・スワン——不確実性とリスクの本質（上・下）』（望月衛訳、ダイヤモンド社）という本があります。この本を書いたナシーム・ニコラス・タレブは、ブラック・スワンと呼ばれる現象について、その特徴を以下のように語っています。

1 異常であること、つまり過去に照らせば、そんなことが起こるとは思われず、普通に考えられる範囲の外側にあること

2 起こったときにはとても大きな衝撃があること

3 異常であるにもかかわらず、人間生まれついての性質で、起こってから適当な説明をでっち上げ、筋道をつけてしまい、もともと予測が可能だったと思うようなこと

つまり予測を超えて、取り返しのつかないような影響を及ぼすものがブラック・スワンと呼ばれます。そしてかつての金融危機のように、時にブラック・スワンは人々に甚大な被害をもたらします。

しかし金融危機のような悪いブラック・スワンがある一方で、よいブラック・スワンも存在します。**よいブラック・スワンの一つの例がスタートアップです。**

スタートアップは、「普通に考えられる範囲の外側」から来て、「起こったときに大きな衝撃」があり、そして「もともと予測が可能だったと後から説明をでっち上げてしまう」ようなもので、そしてそれを見つけたときには、起業家や投資家に大きなリターンをもたらします。まさにブラック・スワンと言える特徴を持っていると言えるのではないでしょうか。

ブラック・スワンの特徴を知ることで、スタートアップの考え方に応用することができます。そしてタレブは著書でブラック・スワンの存在について言及するとともに、ブラック・スワンを御する方法についても語っています。

その一つが「バーベル戦略」というリスクの取り方です。この戦略は「極端に保守的な投資と、極端に投機性の高い投資を組み合わせ、中ぐらいのリスクは一切取らない」というものです。

『ブラック・スワン――不確実性とリスクの本質（上）』（ナシーム・ニコラス・タレブ著、望月衛訳、ダイヤモンド社）

たとえばそれは、超安全な投資に９割近く、超積極的な投資に残りの１割程度を投資する、という形になります。

総合的には中程度のリスクを取ることになりますが、ミドルリスクの部分が手薄になり、まるでバーベルのような形になるためにこの名で呼ばれています。

リスクを分散しようという意識が働いて、すべてミドルリスクの投資に賭けていると、悪いブラック・スワンが現れたときにすべてが「吹っ飛ぶ」ことになります。

しかしバーベル戦略では投機性の高い部分に賭けながらも、超安全に多くを賭けることになります。これなら悪いブラック・スワンとよいブラック・スワン、その両方によい形で晒され、且つ悪いブラック・スワンに対処できるようになっているのがポイントです。

この戦略を取ることで、資産の9割を賭ける安全な投資側で悪いブラック・スワンが起こっても積極的な投資資源は残ります。

さらに積極的な投資をよいブラック・スワンの出現に賭け続けることで、予測不可能なほどの大きなリターンを期待できるようになります。

超積極的な投資においては、ベンチャーキャピタル流のポートフォリオを組むのがよいのではないか、とタレブも『ブラック・スワン』で書いています。

▶図13 バーベル戦略

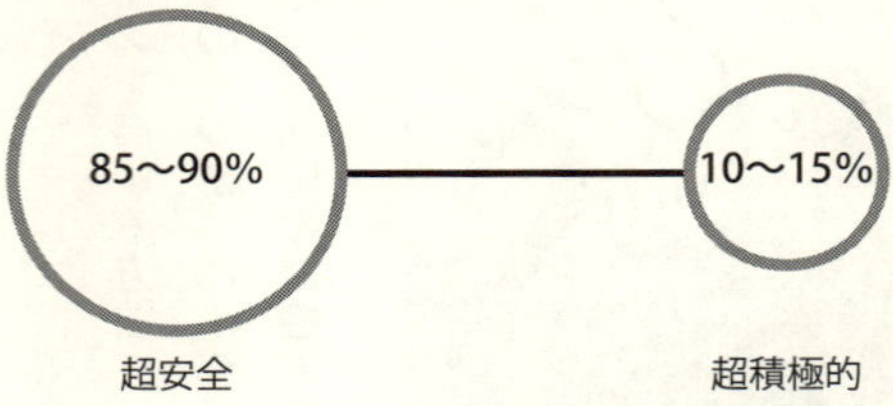

先述したとおり、ベンチャーキャピタルはリスクのある投資を数十社のスタートアップに対して行い、そのうちの1社でも大当たりすれば問題ない、というビジネスです。そしてスタートアップは非対称的な利得を生むので、そうしたビジネスモデルでもベンチャーキャピタルは機能しています。

このリスクの取り方は、先ほどのアインシュタインやカフカの、キャリア上のリスクの取り方にも似ているように思います。また製品開発でも応用できる部分が大いにあるのではないでしょうか。

たとえば新しい機能追加を考えるとき、多くの顧客の要望に応じた機能の追加に多くの時間を割きつつ、残りの時間で超積極的でリスクの高い機能の追加をしてみる、といった考え方ができます。そうしておくことで、あるタイミングで飛躍的なユーザー獲得ができるのかもしれません。

Googleの「20%ルール」もこうしたバーベル戦略の考え方に近いと言えるでしょう。社員の20%を常に超積極的な投資に傾けているのとほぼ同義だからです。そして実際、Googleではこの20%ルールから急成長を遂げた製品がいくつか生まれています。今やFacebookのメイン機能の一つであるタイムラインも、もともとは社内のハッカソン（短期間でものを作るイベント）から生まれてきた、遊びから始まったような製品でした。

■「アンチフラジャイル」に賭けろ

タレブは『ブラック・スワン』の次に『Antifragile』（未邦訳）という本を書いています。アンチフラジャイルを訳すと「抗脆弱性」という言葉になるでしょうか。その意味は、脆弱性を隠すのでも避けるのでもなく、「脆弱性を逆にうまく活かす」ということになります。

本の中で、彼はイノベーションがまさに世界のアンチフラジャイルな性質から起こることを指摘しています。

アンチフラジャイルについて理解するには、他の概念と比較すると分かりやすくなるかもしれません。

フラジャイルな（壊れやすい）ものとは、少しの変化が起これればそれで大きなダメージを受けるもの、たとえばコーヒーカップのようなものを意味します。コーヒーカップはちょっとした想定外のダメージで簡単に壊れてしまいます。そして壊れやすいものや変化が嫌いな人はロバストな（頑丈な）ものを求めます。コーヒーカップであれば、たとえば鉄でできたカップであれば壊れません。しかし重くて大変使いにくいカップとなってしまい、壊れて損をすることはありませんが、大きな利益を得ることもできません。最後に、アンチフラジャイルとは、変化によってダメージを受けるのではなく大きな利得を得るもの、ととりあえず理解しておいてください。なお彼のイノベーション論は「Understanding is a Poor Substitute for Convexity（Antifragility）」というタイトルで公開されているので、興味がある方は参照してみてください。

タレブの捉え方では、イノベーションや技術の進展、新たな知識の発見は「よいブラック・スワン」の一種とされます。つまり世界のアンチフラジャイルな性質を利用することがイノベーションを発見する手段となります。

現実を見れば、多くのイノベーションは、アカデミックな理論をベースにして、理論からトップダウンで見つかったものではありません。科学者たちによる試行錯誤というボトムアップの中から生まれたものがほとんどです。

そして試行錯誤の最中に起こる、偶然の発見からまた新しいイノベーションが起こります。タレブの言葉を借りて言えば、「現実世界のボラティリティ（変動性）によって起きる非対称的なよいブラック・スワンこそイノベーション」です。

一例として、ペニシリンの発見が挙げられます。ペニシリンを発見したフレミングは、実験で手がけた培地の一つに青カビが発生し、菌類の培養が阻害されていたことを、偶然に研究室の掃除の途中に見つけ、ペニシリンの抗菌性を発見しました。

今から振り返ればこの発見が重要なことは当然と思われます。しかし、フレミングがこの発見をしてから、フレミングを含む多くの人がこの発見の意味に気付くまでに、また随分と時間がかかったようです。

生物の進化もこの例として挙げられます。現実世界にボラティリティがあったおかげで、原始の海から生物が偶然生まれ、その後もよいブラック・スワンの連続を通し、ヒトにたどり着いています。

もちろん、試行錯誤の途中では数多くの失敗をし、そのたびにコストが発生することでしょう。そのコストが累積的に大きくなるようでは問題です。

その対策としてタレブは「失敗のコストは小規模かつ予測可能な範囲に収める」と述べています。そしてもう一つ、「アップサイドの上限が見えない、非対称なリターンが発生するものに対して賭ける」という条件も加えています。

たとえば宝くじのように、アップサイドやリターンの上限が決まっているようなものはアンチフラジャイルな賭け方とは言えません。アップサイドのリターンが計り知れないほど大きなものに賭けるのが、アンチフラジャイル性を意識した賭け方です。

これによって、予測可能な試行錯誤のコストに対し、非対称的で予測不可能な利得が出たときに大きなリターンを得ることができます。これをタレブは「凸状のいじくり回し（convex tinkering)」と呼び、彼にとってのイノベーションの方法論になります。そしてこれはまさに、スタートアップにも通じる考え方ではないでしょうか。

良くも悪くも現実とは常に想定を超える可能性を秘めています。そして人は世界のすべてを把握しているわけではなく、必ず未知が存在します。

悪い未知に備えるのはリスク管理の基本ですが、よい未知に賭けるのがイノベーションと言えるかもしれません。**より正確に言えば、「予測可能なコストの範囲内で、よいほうの未知が起こることに賭けること」がイノベーションの起こし方である、と言えます。**

予測ができないなら、予測ができないことを利用すればいい。これがタレブの取る立場です。スタートアップも同じで、激しい環境変化の中で起こる世界の不確実性を活用し、よい未知が起こることを期待して一気に成長する存在であると言えます。

■「回数と速度」はコントロールできる

著名な物理学者であるレナード・ムロディナウが書いた、偶然性に関する科学についての著書、『たまたま——日常に潜む「偶然」を科学する』（田中三彦訳、ダイヤモンド社）では以下のように述べられています。

「とりわけ私が学んだことは、前向きに歩き続けることだ。なぜなら、幸いなことに、偶然がかならず役回りを演じるので、成功の一つの重要な要素、たとえば打席に立つ数、危険を冒す数、チャンスを捉える数が、われわれのコントロール下にあるからだ。失敗のほうに重みをつけてあるコイン投げでさえ、ときには成功が出る。あるいは、IBM のパイオニア、トーマス・ワトソンが言ったように、「もし成功したければ、失敗の割合を倍にしろ」ということだ」

ムロディナウが言うように、運はコントロールできないものですが、挑戦する「回数」は私たちの意思によってコントロールできます。

試行錯誤の回数を多くすれば多くするほど、どんな稀な出来事も起こってもおかしくはありません。そしてアンチフラジャイルを意識した挑戦の回数が増えると、途方もないリターンを生み出すようなスタートアップ、つまり「よいブラック・スワン」が出る可能性は全体として高くなります。

付け加えれば、私たちは一度当たりの挑戦の「速度」をコントロールすることが可能です。たとえば、当たるかどうか分からない仮説検証に1週間かかるのであれば、年間で52回しかそれをできません。

しかしもし、やり方を「ハック」することで、仮説検証を3日でできるようにすれば、1年に120回くらい行えるようになります。もし3時間でできるようになれば、3000回程度の仮説検証ができます。速度というコントロール可能なものに意識を向けることで、私たちは挑戦の回数を増やすことができるのです。

もちろんすべての挑戦に対し、かかる時間を短縮できるわけではないでしょう。しかし頭を使うことで、今より早く、より安く挑戦することは可能となるはずです。その上で挑戦の量を増やせば、結果的に運をたぐりよせることができるようになります。

■「量」が「質」を生む

挑戦の数を増やすことにはさらによい面があります。それは「量が質を生む」という事実です。

起業家とはある意味でアーティストに近い部分があります。アーティスト向けに書かれた『アーティストのためのハンドブック――制作につきまとう不安との付き合い方』（デイヴィッド・ベイルズ、テッド・オーランド著、野崎武夫訳、フィルムアート社）では、アーティストが陥りがちな不安との付き合い方を解説しています。そこで面白い実験が紹介されています。

とある授業でクラスの半分を二つに分け、それぞれ異なるやり方で壺を作らせたそうです。

1 壺の「量」（総重量）で成績をつけるグループ

2 一点の壺だけの「質」で成績をつけるグループ

つまり、評価の軸を「量」と「質」とで分けたのです。

一見すると、よい壺を作れるのは「質」で評価するグループのように思えます。しかし結果として、評価が高い壺ができたのは「量」のグループでした。

その理由として「質」のグループはでき上がった壺の完璧さについて理屈をこねるばかりで、価値のあるものが生み出せなかった一方、「量」のグループはたくさんの試行錯誤を行うことでレベルを高められた、ということでした。

「量」が「質」を生むことは、他の事例でも証明されています。

アインシュタインは２４８、ダーウィンは１１９、フロイトは３３０の論文を書いています。そしてエジソンは１０９３の特許を取り、バッハは１０００曲以上も作曲し、ピカソは２万以上の作品を残しています。このように、天才たちですら多くの挑戦と失敗を続け、その中で傑作を生んできました。

そしてこの天才たちの創造力に関する研究を行ったサイモントンらによれば、マイナーな作品が多く創作された期間と、メジャーな作品が多く創作された期間は、実は同時期であると指摘されています。つまり、かの天才たちも、傑作を生むために多くの失敗を重ねることが必要だったということです。

いや、それでも科学者は若い頃に偉大な発見をしている、もし挑戦の数が重要なら、なぜキャリアが浅く挑戦の絶対数が少ないときに偉大な業績が生まれるのか、と思われる人もいるかもしれません。

しかし、近年『Science』に掲載された調査によると、「若い頃に大発見をする」という見方はそれほど正しいものではなく、大発見となる論文を書く確率は、キャリア全体において一定という結果が出ています。若い頃に偉大な発見をする理由は、単に科学者は若いときほどより多くの論文を書く傾向にあるために、若い頃によい業績を出す可能性が高くなり、一方で歳を取るにつれて論文の出版数が相対的に減り続ける傾向にあるため、その結果、高齢になるとよい業績を残す可能性が低くなる、と指摘されています。

つまり、ここからもやはり数が大事だということが分かります。「質」を高めるため、そして運を摑むため、どうしても挑戦する「量」は必要です。

■「損」は怖い？

挑戦をしなければ何かを手に入れることはできません。しかしそうした状況を知ってもなお挑戦をしない人が多いのはなぜでしょうか。

その一つの理由として、ノーベル経済学賞を受賞した行動経済学者、ダニエル・カーネマンらが指摘した「損失回避性」が挙げられそうです。この性向を簡単に言えば、人は誰しも損をすることを怖がり、得を取るよりも損をすることに敏感、ということになります。

様々な実験において、同じサイズの利得と損失を比べたところ、利得に対し、損失に伴う感情的なインパクトは1・5倍から2・5倍程度あることが分かっています。特に最初の損失についての感じ方ほど激しく、次第に緩やかになる傾向があるようです。

人間は挑戦するために必然的に生まれてしまう金銭的な損や時間的な損について、過剰に意識してしまい、特にその最初の一歩を避けてしまう傾向にあると考えられます。こうした損失回避の性向もある意味、非線形的な現象であり、反直観的な事実の一つと言えそうです。

しかしそれは別の見方をすれば、一般的に躊躇しがちな挑戦に挑むこと自体に、一定のアドバンテージがある、とも言えるのではないでしょうか。

人は失敗から多くのことを学びます。予測可能な範囲内で抑えられた失敗は、単なる損失でなく、学習のために必要だったコストと考えられます。

実際、成功体験と失敗体験によるその後

▶図14 損失回避

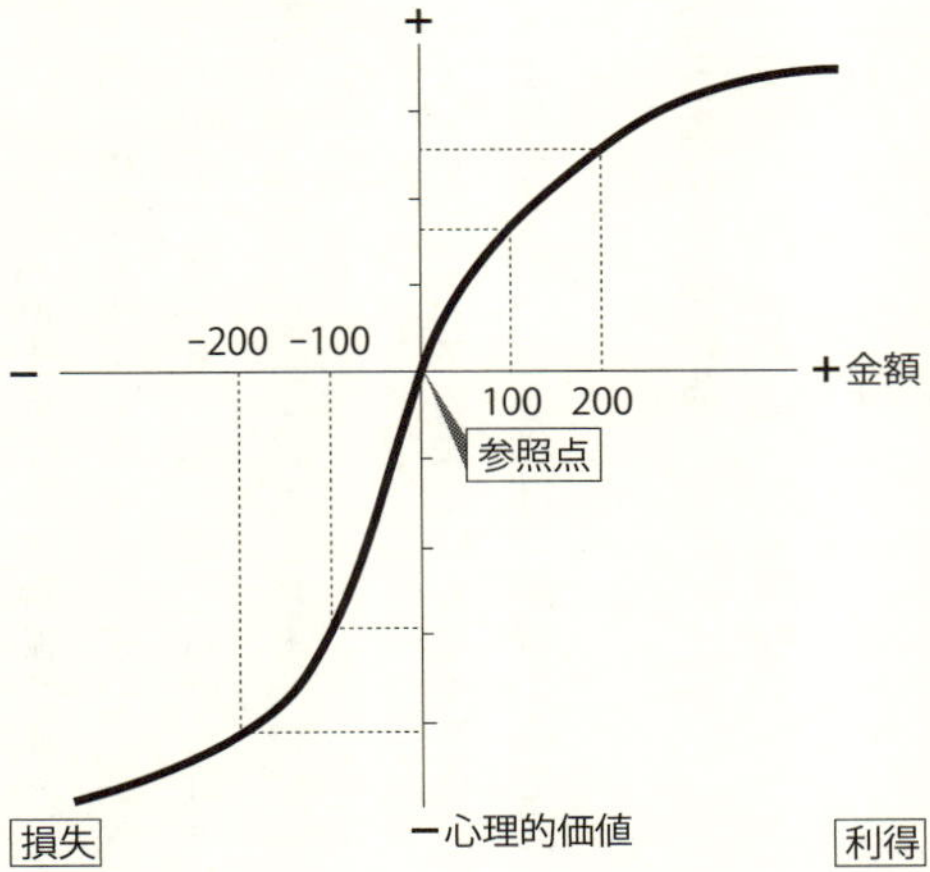

のパフォーマンス向上効果（失敗減少確率）を比較した場合、後者のほうの影響力が強い、という研究成果も出ています。つまり、失敗することのほうが多くの学びを得られます。

人生の中でチャンスが巡ってくる機会はそれほど多くはありません。損をするのは怖いかもしれませんが、チャンスだと感じられたら、それに挑戦する態度が運をつかむためには必要だと言えます。

そして、もしそれでうまくいかなくても、挑戦をした結果としての失敗をした、というだけで人より多くのことを学び、経験の面で先んじることができます。

■「大きな負け」を避ける

ある技術やビジネスに熱意を持ち、本当にやりたいと考えていても、タイミングが適していなければ大きく成長することは叶いません。その意味で、長く挑戦し続けられる権利を握っておくことが重要になります。

たとえばベンチャーキャピタル等からの資金調達は他人の資金を使うことを意味します。その資金の使い方があまりに酷ければ、その先二度と挑戦させてもらえない状況が生まれてしまうかもしれません。挑戦できなくなれば、勝利を掴むことはなくなります。

重要なのは、勝つタイミングが来るまで粘り続けられるよう、大きな負けを避けることです。多くの有名な起業家も失敗した歴史を持っています。しかしそこから這い上がって成功できたのは、失敗しても、もう一度挑戦できる状態を維持していたからです。

ハミング符号の発明で有名な数学者、リチャード・ハミングは「偉大な業績を残すのに、たくさんのヒットを飛ばす必要はありません。ある意味簡単です。長生きすればいいのです」と述べています。もし失敗をしても、それで死なないことを意識し、挑戦し続ければ、いつか運は巡ってきます。

Airbnb は成長するまでに約1000日の日数を粘り続けました。Snapchat も、リリースして最初の3ヶ月のダウンロード数はわずか127でした。

スタートアップが一夜にして成功することはありえません。やる気を失わず、事業を死なせず、そして粘り続けることこそ「運」を手に入れる上では重要です。

■「助け合う」こと

「どのような環境に身を置くか」ということも、創業者の重要な資質の一つと言われます。

誰かと失敗を認め合える環境や、失敗しそうなときにお互いに助け合える環境に身を置くことはスタートアップの成功に寄与します。

スタートアップは、新しい価値を生み出そうと挑戦する集団です。成熟した市場でパイを取り合うような「ゼロサムゲーム」をしているわけではありません。新しい価値の創出に上限はないですし、成功する企業数に上限が決まっているわけでもありません。

「もしあなたがスタートアップを始めようとするのなら、あなたが気付いていようといまいと、あなたはパイの誤り（Pie Fallacy）を反証しようとしている」というのはポール・グレアムの弁です。彼が言いたいのは、スタートアップとはお互いがパイを奪い合うような競争をしている人たちではなく、お互いが新たな価値を生み出して、パイを大きくしようとしている人たちだ、ということでしょう。

であればなおのこと、スタートアップ同士は助け合い、お互いがお互いに貢献し、全員で新たに生み出す価値を最大化したほうが理にかなっています。

助け合いを続けていれば、仮に自分の事業が失敗したとしても、きっとどこかの急成長しているスタートアップが拾ってくれます。彼らは人手を欲しがっていて、スタートアップを手がけた経営者なら喉から手が出るほど欲しい人材です。

そしてそれまでに重ねた努力を知っていれば、きっと彼らは手を差し伸べてくれます。

Y Combinatorでも、スタートアップで失敗した人材は、同期のスタートアップから採用されることが多々あるようです。

だからこそぜひ近くの起業家とのつながりを大切にしてください。もし近くに起業家がいなければ、起業家の多くいる場所に思いきって移るのも選択肢です。どんな環境に身を置くかという選択は、運を引き寄せるために取ることができる最良の手段の一つです。

繰り返すようですが、スタートアップはゼロサムゲームをしているのではありません。皆の力を合わせ、スタートアップ業界全体で新しい価値を生むことが、スタートアップの関係者全員にとって、そして世界にとってよい結果につながるはずです。

この章のまとめ

- 起業家のリスクの取り方はハイリスク・ハイリターンばかりではありません。賢いリスクの取り方は存在します。
- アンチフラジャイルやバーベル戦略といった、「抗脆弱性」の考え方を身に付けて、世界の不確実性や脆弱性をよい方向に利用しましょう。

- 「運」は挑戦する回数に依存します。その回数を増やすためにも、一度あたりの挑戦を早く、安くしていく必要があります。そしてこうした「速度」はコントロールできます。
- 長く挑戦するためにも「大きな負け」を避けながら賭けることが重要です。周囲を裏切り、二度と挑戦できないような状態に陥らないよう、予測可能な範囲内で上手に失敗できるような挑戦を続けてください。
- スタートアップはパイを取り合うゲームではなく、むしろパイを大きくするゲームです。まわりの起業家たちと協力しながら、新しい価値を作っていきましょう。

コラム　東大生とスタートアップ

現在筆者は、東京大学の産学協創推進本部という、企業との共同研究や大学発スタートアップを支援する組織に籍をおいて活動をしています。

東京大学は日本国内でトップレベルの研究成果と人材を擁していることで知られていますが、実は最も多くの大学発スタートアップを輩出している大学でもあります。

野村総合研究所の調査によれば、2015年現在の大学発ベンチャー企業の数は、東京大学がトップを独走しています。その数は2位の京都大学に比べて、2倍以上の差です（「大学発ベンチャーの成長要因施策に関する実態調査」2015年度）。

もちろん、スタートアップは質が重要であり、起業の数自体はさほど重要ではありません。しかし数が出ることで、様々なノウハウが東京大学周辺のスタートアップの生態系に溜まりつつあることもまた事実です。

東京大学は、これまで長い時間をかけてスタートアップの支援環境を充実させてきました。

私の所属する東京大学産学協創推進本部では、産学共同研究の推進のほか、大学発スタートアップの支援を行っています。学内にスタートアップが入居するための施設、「アントレプレナープラザ」等を設けて、生まれたばかりのスタートアップを様々な形で支援しているほか、教育面でも起業家教育に力を入れており、10年以上続く「アントレプレナー道場」からは数々の起業家や事業家が輩出されています。

そして東京大学の周辺では、大学以外のスタートアップの支援活動も広がりを見せています。

「株式会社東京大学エッジキャピタル」という、大学の研究を活かしたスタートアップに対しての、長年の投資経験を持つベンチャーキャピタルや、大学発の知財を管理する「株式会社東京大学TLO」らが東京大学の関連組織として10年以上前から活動し、大学と連携しながらスタートアップを支援するノウハウを蓄積してきています。さらに、近年では「東京大学協創プラットフォーム開発株式会社」という新しいベンチャーキャピタルも立ち上がり、大学の研究成果を事業化するためのリスクマネーの供給も増えつつあります。

さらに、自ら起業したうえで上場経験を持つ東京大学卒の個人投資家たちも、積極的にスタートアップへの支援や投資を始めています。こうした個人投資家たちはエンジェル投資家とも呼ばれ、少額の投資を行うだけではなく、経験に基づいたアドバイスを提供してくれます。そして起業して間もない本郷周辺の起業家たちも、自らの事業の傍ら、後進の起業家候補たちと繋がり、起業のノウハウを提供しています。

特に東京大学周辺のスタートアップは、大学の研究成果や先端技術を中心とした、いわゆる「ハードテックスタートアップ」が多いことも特徴的です。その結果、スタートアップに就職した優秀な技術系の卒業生が東京大学周辺に残り、そして東京大学の技術系の学生がインターンに行くなどして交流することで、学生の技術レベルや研究にも使える課題発見能力も高まるという好循環が生まれています。

こうして大学や関連組織、民間企業や卒業生が一体となり、次なるスタートアップを支える環境が生まれつつあるのが今の東京大学の周辺です。現在、日本の国内でスタートアップをしたい若者がいるのであれば、東京大学に進学することが最も近道である、と言っても過言ではないかもしれません。

並行して、アメリカのエリート大学では、そのトップレベルに立つ人ほど、起業する傾向にあると言われます。「ノブレス・オブリージュ（財産、権力、社会的地位に伴う責任)」というと言い過ぎかもしれませんが、エリートだからこそ社会的課題に取り組むべき、という認識が日本の若い世代にも広がりつつあることを感じています。そしてその手段として、スタートアップという選択肢は、今や最も有効な手段の一つです。

こうした挑戦をする彼らを応援することで、日本という国は新たな発展を遂げることができるはずです。そして新たな富を生み出し、教育や研究に還流することで、その発展のサイクルはより早まっていきます。

ただ、そうしたエリートと呼ばれる人たちは、新しいビジネスの創出や社会的課題に取り組むことが、必ずしも得意というわけではありません。特にビジネスの世界では、極めて野性的な戦い方が必要とされる場合があります。

だからこそ本当に社会にインパクトを与えたい人がいるとするなら、「ルール外での戦い方」を学ぶ必要があります。それはある種、野性の思考と言えるでしょう。

この本で紹介した思考法は、スタートアップという、一歩間違えれば会社自体が死んでしまいかねない環境で培われてきた野性の思考法です。そうした思考法を志高い若きエリートたちが学び、挑戦することで、より多くの社会課題が一歩解決に近づくはずだと信じています。

そして一方で、自ら挑戦せずとも、その思考を理解して彼らを支援する人が多く現れることも必要です。だからこそ、スタートアップ的な思考を多くの人に知ってもらいたいと考え、広く伝えたい思考の数々を本書にまとめています。

終 章

逆説のキャリア思考

いよいよ最終章になりました。

「人生にとって、もっとも大切な資産は時間」だとピーター・ティールが指摘するように、私たちは全員、自分の時間という資産の投資家です。

あなたの限られた時間を何に使うか、つまり時間をどう投資していくか考えるとき、ベンチャーキャピタル流の、スタートアップに対する投資戦略を理解しておくことは、これからの時代に有用となると思われます。

そこで本章では、これまでに記したスタートアップに求められる逆説的な思考をあなたの人生に応用しながら、その理解をより深めていきたいと思います。

■スタートアップ思考をキャリアに組み込む

近年、大企業が本当に大企業で居続けられる期間は年々短くなっている、と指摘されています。

イェール大学のリチャード・フォスターが2012年に行った調査によると、『S&P500』に企業名が掲載される年数として、1958年時点での平均は61年でしたが、今や18年となっており、その期間が急速に短くなっていることが指摘されています。

同調査では、２０２７年には75％が入れ替わっているはず、とも予想されています。つまり従業員として運よく優良企業に就職できたからと言って、一度入った会社が安泰でいるとは限らないのが昨今の情勢です。

そうした状況だからこそ、スタートアップ的な思考は個人のキャリア戦略についても当てはめることができるのではないでしょうか。**そしてその具体策の一つは、スタートアップのようにこれから急激に伸びる業界を見出し、その業界の企業に就職をすること、と言えそうです。**

90年代、外資系金融やＩＴ企業に入った人たちの多くは、今や平均より、遥かに多くの給与を得ています。

もちろん個人の能力が他の人に比べて極めて高かった、と思っている方もいるかもしれませんが、多くはそうではないでしょう。あくまで成長を遂げる初期にタイミングよく入れたからであり、結果として多くの機会に恵まれ、給与も大きく伸びた、というのが真実です。

その選択が単に運だったのか、考えに考えた結果、そうなったのかは分かりません。それでも当時、それらの業界を選ぶ人は客観的に見れば、反直観的でクレイジーだと思われたことでしょう。しかしそのクレイジーなアイデアや選択が正しかったので、今の年収やキャリアにそれが反映されています。

一方で人は、「今」人気のある業界や会社を選んでしまいがちです。特に高学歴の人ほどその傾向が顕著です。ピーター・ティールによれば、ハーバード大学の卒業生が選んだ業界は、今がピークである場合が多い、という結果が出ているそうです。

これはおそらく構造的な問題です。才能豊かな彼らは引く手あまたであり、望めばどんな業界にも進めます。だからこそまわりの流れに乗ってしまえば、「今」人気の集まる企業に高給で誘われ、よくよく考えなければそのまま就職してしまいます。そして「今」人気のある企業は、前述の調査によれば、その時がピークです。

つまり優秀な学生であればあるほど、就職という面では将来的に損をする選択肢を取りやすい環境にあるかもしれないということです。例えばかつて日本において、半導体業界に多くの優秀な学生たちが集まったものの、業界全体が斜陽になってしまったことが記憶に新しいのではないかと思います。

だからこそ優秀な人ほど、これから世界が進む方向や、自分のやりたいことをしっかり考え、その先を選び取る必要があります。なにも考えずに世間の流れに乗ると、長期的に見て、損をする選択肢を選んでしまう可能性が高いという逆説が、キャリアにも存在するのかもしれません。

もちろん、もしやりたいことが明確になっているならば、その道に進むべきでしょう。しかし、もしそこまでの覚悟がないのであれば、どの業界が安定しているか、どの会社が人気を集めているか、ということではなく、どこがスタートアップ的な急成長を遂げるか、という視点で考え、就職する業界や会社を決めてみることは一つの手だと思われます。

そのためには、それこそスタートアップのアイデアを探すときのように、**「10年後、本当に価値のある仕事は何か」「いまだ築かれていない、価値ある仕事とは何か」**という問いを自身や周りに投げかけてみることです。

もしその過程で隠れた真実を見つけることができれば、長期間にわたって自分の地位を独占し、長い間、そこから生まれる利益を享受できるはずです。

■人生におけるバーベル戦略とアンチフラジャイルの価値

たとえば工学部の学生が、大手電機メーカーの正社員に就職することは一見すれば「堅実」な選択のように思われます。そして実際、多くの場合は安全で、堅実です。それを否定するつもりはありません。

しかし、キャリアや時間を堅実な一社に捧げると、会社全体が傾いたり、苦境に陥ったりしたとき、途端に取れる選択肢がなくなる、というリスクが伴います。中高年というタイミングでそれが起きてリストラされた場合、再就職も難しく、そこから途方に暮れる、という人生を歩むことも昨今の情勢を見ていると十分に有り得るシナリオです。

経営自体が順風満帆だろうと、自分たちが悪さをしていまいと、自然災害、不正会計、システム破綻など、自分たちがまったく関与していない事情から悪いブラック・スワンが起こることもしばしばあります。それらが起きたとき、仮にあなたに一切の責がなかったとしても、全社的なリストラなどの悪い影響を被る可能性は十分にあります。

そうした予測できないキャリア上のブラック・スワンに備えるにはどうすればいいでしょうか。

それを考えたとき、ここまでに触れてきた「バーベル戦略」や「アンチフラジャイル」の考え方が大いに役立ちます。

たとえば、会社に許される範囲の副業として、アップサイドが極端に大きくなる可能性を秘めたサイドプロジェクトに取り組む、ということなどは、結果的に自分のキャリアそのものをアンチフラジャイルにしてくれるのではないでしょうか。

ただしそのときに選ぶのは、小遣い稼ぎの副業の類ではなく、非対称的な利得をもたらすようなものでなければ意味がありません。アインシュタインやカフカが自らの時間を投資し、後世に残した偉大な研究や小説も、アンチフラジャイルな副業だったと言えます。

バーベル戦略を自分自身の時間投資に当てはめて、時間の9割は安全で堅実なキャリアに賭けつつ、残り1割を積極的によいブラック・スワンに賭ける、という姿勢は、自分のキャリアを守ってくれるリスクのポートフォリオの組み方の一つと言えるのではないでしょうか。

■偶然性、不確実性、ランダム性、ボラティリティ

本書の中で、スタートアップはよいブラック・スワンだと書きました。言い換えれば、世界には我々の予測を超えた偶然性やボラティリティがあって、それがよい方向に働いた結果が、大きく成功するスタートアップである、ということです。

その文脈で考えた場合、スタートアップを始めるということは、世界の偶然性を前向きに捉えるということでもあります。この世界の片隅でスタートアップを始めるということは、この世界の偶然性や不確実性、ランダム性やボラティリティといったものを楽しむという態度の表明なのではないでしょうか。

もちろん予測可能な未来のほうが安心で、極力ボラティリティを抑えながら生きていきたいと考える人もいるでしょう。一方、予測不可能な未来の中でボラティリティを活かして生きていきたい人もいると思います。

これは個人の嗜好や性格によって大きく異なります。しかしあくまで一般的に言えば、人は必要以上に偶然性やランダム性を怖がりすぎている節があるように思えます。

この世界には交通事故のような悪い偶然があるのと同じように、よい偶然にあふれています。その結果、人は予期しなかった様々な出会いを経験します。たまたま名前の順が近かったから友人になり、第一希望ではない大学に進学してしまったけれどたまたまそこで親友ができ、たまたま就職した会社で誰かと出会って恋に落ちて結婚したりします。

その意味で、仕事という領域でも、自分の予測の範疇を超える偶然性に対してどのような態度を自分が取るべきか、ということに対してもう少し目を向けてもよいように思います。たとえば、キャリア論で有名なスタンフォード大学のクランボルツ教授も計画的偶発性理論で、キャリアにおける偶然性の重要さに触れています。

もちろん、すべてが偶然で動くわけではありません。その意味で、起業家は「未来は予測できる」という信念に基づいた強い意志と、そして一方で「予測できない未来の中で偶然性やランダム性を楽しみながら対処しよう」という両極端な態度が必要なのかもしれません。

この態度はまさに、ポール・グレアムが起業家の資質として挙げた「Relentlessly Resourceful」と言えるようにも思えます。自分の信念に対しては粘り強く、そして偶然に対して臨機応変であり続けることが起業家の資質であると言えそうです。

■キャリアのランダム性

世界は偶然性やランダム性にあふれています。

連続起業家で、ベンチャーキャピタルであるアンドリーセン・ホロウィッツに勤める投資家、クリス・ディクソンによれば、キャリアにおいても無作為さ、つまりランダム性を有効に活用できる場面があるそうです。

たとえば最適なキャリアを探すとき、探索アルゴリズムの考え方を用いるとランダム性がどう有効に働くかが分かります。

最も単純な探索アルゴリズムとも言われるのは「山登り法」です。この方法では、最初に初期地点を取り、周辺を見渡して、逐次よい（図の上では高い）方向へ進んでいこうとします。そうすることで最も高いところへたどり着ける、というのがこの探索アルゴリズムの基本的な考え方です。

ただ複数の山がある場合、この探索アルゴリズムでは局所最適解に陥る可能性があります。たとえば図15の例では、初期地点の取り方によっては、上へ上へと向かったときに低いほうの山へと進んでしまい、最も高い山を知らないまま、小さい山の頂上で止まってしまい、局所安定に陥ってしまいかねません。

▶図15 高い山にも低い山にも頂上はある

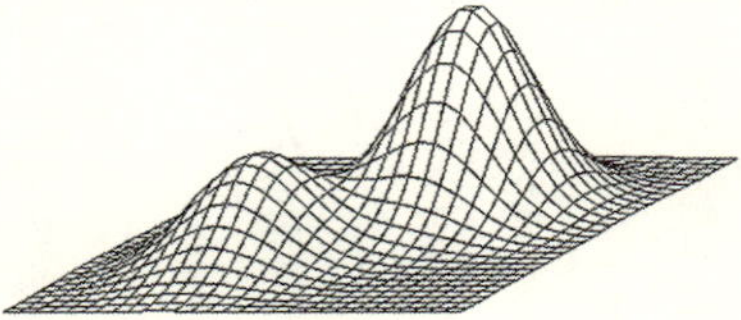

その対応策としては、探索の初期にランダムに何点かを取ってみて、その中で最も高い地点から上へと登り始めることが効果的だと言われています。

そして時には山を下る、つまり改悪方向への移動も認めたほうが、計算量は多くなるものの、本当に高い山を見つけやすくなります。

この考え方はキャリアにも応用できるというのが、クリス・ディクソンの指摘です。

最初に選んだ山、キャリアで言えば新卒で入った会社をそのまま登っていると、自分にとっての局所最適解に陥るリスクがあります。だからキャリアにおいても、特に初期のほうにランダム性を取り入れて様々な分野での可能性を試したほうが、あなた自身の本当の得意分野、つまり最適解が見つかりやすいという示唆につながります。

Google の人事部門を担当したラズロ・ボックも、これまで数万人の履歴書を読み、面接をしてきた経験から、「30歳頃まで専門分野は必要ない」とし、キャリアの最初の10年間は様々な会社で働きながら、自分のキャリアを実験してみることを勧めています。

もしくはサイドプロジェクトや副業をしてみたり、全く別の職業に挑戦してみたり、あるいはスタートアップを試みたりすることで、キャリアにおけるランダム性を取り入れてみるとよい、ということも言えるかもしれません。カターニア大学のプルチーノ教授らがイグノーベル賞を獲得した研究でも、昇進プロセスには時折ランダム性を取り入れることが有効と言われており、あまりよい印象のないランダム性も決して悪いことばかりではありません。

■スタートアップは安易にお勧めできない

ここまでスタートアップに関する考え方を記してきました。読者の多くは、筆者が起業を勧めているように感じたことでしょう。しかし個人的な考えを述べれば、スタートアップは誰にでもお勧めできる選択肢ではないと考えています。

というのも、スタートアップを始めると、ほぼ例外なく大きなストレスを抱えることになります。実際、シリコンバレーでは起業家の鬱が社会問題になっているほどです（面白いのはそれを解決するメンタルヘルスケアのスタートアップまで多数あるところですが）。

そして何より、スタートアップはあくまでアイデアを実現するための手段でしかありません。スタートアップのためにスタートアップを始めるのはあまりよい考え方とは思えません。実際に、何かやりたいことやアイデアがあって、それから初めてスタートアップをするほうが、成功率が高いとサム・アルトマンは言及しています。

事実Y Combinatorでは、アイデアを持っていないけれど、とりあえず優秀な人を集め、ヒントを与えてスタートアップをやらせる、という実験をしてみたところ、どれも失敗してしまったそうです。なので、どうしてもやってみたいアイデアがあって、それがスタートアップという手段でしかできないのであれば、スタートアップを検討してみることをお勧めしますが、そうでない限り、個人的には積極的に勧められる選択肢ではないと思っています。

そしてこれもまた反直観的ですが、もしスタートアップを始めるのならば、できるだけ会社化を先延ばしする、というのも重要なポイントです。

会社化すれば、そこから様々な手続きやバックオフィス業務が必要となります。それに会社にしてしまうと、会社同士で「何人雇っているか」といった競争意識が生まれてしまったり、会社だからお金がかかるのが普通だと考えてしまったりします。しかも会社は簡単には潰せないというデメリットもあります。さらにいえば、会社としての体を残すことが目的となり、製品を生み出すことでなく、受託などでとにかく食いつなごうとしてしまうこともあるでしょう。

一方、会社化を先延ばししておけば、面倒な手続きを避けてプロダクト体験の開発に集中することができます。そもそも会社を作ることは数十万円と数週間あればいつでもできてしまいます。どうしても必要になってから作っても遅くはありません。

もちろん起業そのものがやりたいことなのであれば、それを止める理由はありません。ただ失敗するとしても、スタートアップを手がければ人生のうちの3、4年はそのスタートアップに費やされることになります。成功すれば10年以上の人生を費やすことになります。

その事実を見据えた上で、人生の長い時間をかけてもやりたいと思えるようなアイデアでスタートアップを始めることをお勧めしています。

■スタートアップのことなんて知らなくていい

いざスタートアップを始めよう、と思ったときに必要なのは、実はスタートアップの知識ではありません。これもまた反直観的と思われるかもしれませんが、スタートアップに関しての知識を多く知っておく必要などありません。起業家は資金調達のことや優先株といったスタートアップに付随して起こる独特なことをそれほど知らなくても、十分に事業を成功させることができます。

たとえばアメリカにおけるスタートアップは、普通、会社設立が簡単だったり、税制上の優遇があったりするデラウェア州に会社を立てます。しかしFacebookは最初、フロリダ州に会社を立てています。その他にもかなり大きな失敗を重ねていますが、それでもFacebookは成功しています。

なぜ成功したかといえば、彼らが素晴らしい製品を持っていて、顧客のことをよく知っていたからです。スタートアップを始める人は、スタートアップや会社のことを勉強するより、顧客の課題や顧客が何を欲しがっているかを学ぶべきです。そしてそれ以外のことはさほど重要ではありません。

会社「ごっこ」をしたい人たちは、資金調達や優先株の仕組みなどを詳しく知りたがります。しかしそれは信頼できる専門家に頼ることもできますし、標準的だとされる手法に則ればほとんど解決します。
それに本当によい製品を作ることができれば、手伝いたいと言ってくる人は今の日本にはたくさんいます。信頼できる書籍や支援者も増えてきていますし、ノウハウも溜まってきています。

極めて特殊なことをしようとしないのであれば、スタートアップの基本的なやり方に関してはまわりに相談することで解決できます。**創業者にしか解決できないのは、顧客に愛される製品を作り、製品をよくし続けるための組織を作ることです。**創業者にしかできない仕事に集中してください。

■やりたいことはやってみないと分からない

スタートアップをやりたいけれど、肝心のアイデアがない、という話をよく聞きます。安心してください。それが普通です。スタンフォード大学のテクノロジベンチャープログラムを担当し、『20歳のときに知っておきたかったこと――スタンフォード大学集中講義』(高遠裕子訳、三ツ松新解説、CCCメディアハウス)を著書に持つティナ・シーリグは、別の著書で以下のように書いています。

「行動して初めて情熱が生まれるのであって、情熱があるから行動するわけではない、ということです。情熱は初めからあるわけではなく、経験から育っていくものです。バイオリンの演奏を聴いたことがなければクラシック音楽は楽しめないし、ボールを蹴ったことがなければサッカーはうまくなりません。卵を割ったことがなければ料理好きになれないのです」(『スタンフォード大学――夢をかなえる集中講義』高遠裕子訳、三ツ松新解説、CCCメディアハウス)

マーク・ザッカーバーグも会社を作りたいがために、Facebookをリリースしたわけではありません。最初は単にクールなものを作ろうとしてそれを作ったこと、そして事業を作って成長していく中で、世界中の人々をつなげるというミッションに目覚めたことを告白しています。

普通、人は自分が情熱を傾けられる対象を探して、それから対象に熱中しようとします。自分探しの旅に出る人が少なからずいることからも、その傾向を見て取れます。しかしその方法が機能する場合はごく少ないようです。

情熱を傾ける対象を見つけ出すには、逆説的ですが、まず何かを始めることが重要だと言えます。これも反直観的ではありますが、本当にやりたいことは、そもそもやってみないと分からない、のです。

だからこそ、まずは何かを始めてみましょう。特に、何かを作り始めることをお勧めします。

■ **まずはサイドプロジェクトから**

もし何かを始めたいときは、意気込んで大きなことを始めるより、サイドプロジェクトから始めてみてください。大きくなったスタートアップのうちの何割かも、最初は小さなサイドプロジェクトから始まっています。

Facebookは学生によるサイドプロジェクトでしたし、Twitterも、創業者たちがOdeoというポッドキャストサービスを作っていたときのサイドプロジェクトから生まれています。Slackもゲームを作る途中で生まれた会社内でのコミュニケーションツールです。ソフトウエア開発プロジェクトのための共有ウェブサービスであるGitHubも、やはり最初はサイドプロジェクトとして生まれました。今やドローンの最大手となったDJIも、その最初は大学を卒業したばかりの創業者が学生時代に行った、ヘリコプター飛行制御プロジェクトの延長から始まっています。

ポール・グレアムもこのように述べています。

「もしスタートアップがどこから来るのかを知りたいのなら、経験的な証拠を見てみるといい。最も成功したスタートアップの歴史を見てみると、そうしたスタートアップは創業者たちにとっての興味深いサイドプロジェクトとして始まり、自然と成長してきたことが分かるはずだ」

「Apple も、Yahoo! も、Google も、Facebook も全部そうやって始まったんだ。このどれも最初、会社にするつもりはなかった。単なるサイドプロジェクトだったんだ。ベストなスタートアップは、サイドプロジェクトとして始まらなくてはならないとさえ言えるかもしれない。だって素晴らしいアイデアは、真っ当な考え方をしているなら、会社のアイデアとしてはダメだと思うような、そんな外れ値のアイデアだから」

もし会社化してから製品を作ろうとすると、会社を生き延びさせるために、すぐお金になるアイデアへつい飛びついてしまいます。また失敗することを極度に恐れるようになります。そうした状況だとプレッシャーがかかってしまい、反直観的なアイデアになかなか挑戦することができなくなります。

しかし、もしサイドプロジェクトであれば「失敗してもよいもの」として、リスクの高いアイデアに取り組むことができます。サイドプロジェクトなら、誰もが失敗すると言うけれど、自分だけが信じているような外れ値のアイデアに取り組むことができます。

それに失敗したときのことを考えてみれば、サイドプロジェクトの失敗程度であれば、それほど大きな損失を背負うわけでもありません。そのためにオフィスを借りたりしなければ、大きなお金もかかりません。

大きく成功せず、小さな成功に終わったとしても、サイドプロジェクトである程度の成功をつかめれば、実際に起業するときの資金調達はより簡単になりますし、きっと仲間も増えます。

なので、これもまた反直観的ですが、本当に大きく成功したいのであれば、本腰を入れてスタートアップを始めようとせずに、まずはサイドプロジェクトから始めてください。それが最良のスタートアップの始め方であり、本当に自分のやりたいことを見つける手段なのではないでしょうか。

■逆説のスタートアップ「試行」

最後の反直観的な事項として、スタートアップのことを学びたいのなら、スタートアップを始めることが最も近道ということを解説したいと思います。

起業が一定の市民権を得たり、起業家がスター視される傾向もあったりしてか、世間には「起業セミナー」があふれています。成功者がノウハウを語るイベントがたくさん催され、起業やスタートアップに関する本も多く刊行されるようになりました。本書も、もちろんそれに含まれます。

しかし重要なのは、こうした機会を通じて得られる知識や情報などではありません。スタートアップの創業者に必要なのは、あくまで自分の顧客に関する知識であり、顧客に愛される製品を作るための能力です。

スタートアップを成功させたいのなら、それ特有の、反直観的で逆説的な事実があることだけ理解し、あとは何度も何度も試行するしかありません。**だから、スタートアップのことを学ぶ最速の方法とは、自分でスタートアップを始めることです。**

小さなチームを作って、自分たちだけがカルト的に信じられる大切な真実、それを含むアイデアで、顧客から愛される製品をサイドプロジェクトとして作り始めてください。会社化する必要もありません。成功の兆しが見えて、このチームなら行けると思ったなら、その後に起業すればいいだけです。

すでに不合理なアイデアや賛成する人がほとんどいない大切な真実に気付いているのであれば、本書を捨てて、今すぐ製品を作り始めてください。そして顧客と話してください。食べて、寝て、運動して、長く挑戦し続けるための体力を保ってください。逆に言えば、それら以外のことは不要です。

そうして、誰かと何かを作り始めること。失敗しても諦めずに何度も試し続けること。そうした「試行」の連続こそ、スタートアップの成功に最も必要な思考法だと、筆者は考えています。

おわりに

■今を生きる私たちにできること

挑戦すること、それ自体はいつでも、誰でも可能です。スタートアップについても、若くても年老いてからも始めることはできます。

ただし人にも国にも、挑戦しやすい時期というものはあるように思います。スタートアップであれば、体力があり、養う家族や介護する家族がおらず、低い給料でも何とか生きていけるような若い人たちのほうが断然挑戦しやすいのは明白です。

また昨今の日本は起業環境が徐々によくなってきています。たとえばスタートアップに対して注目が高まった結果、それに対する投資も支援も年を追うごとに増えています。この増加がいつまで続くかは分かりませんが、少なくともここしばらくは増加していくものと予想されます。

そうした状況を考えるに、今日本に住む若者にとって、スタートアップに挑戦しやすい時期が来ているように思います。

しかし一方で、将来のスタートアップ環境に関して言えば、少し悲観的な部分があるのも事実です。

近年、日本という国に明るい見通しを立てにくい、という論調が多勢を占めています。世界における日本の科学的地位、そして経済的地位の低下が毎日のようにメディアで取り上げられ、楽観的な展望を持ちにくい状況になっています。

悲観論が多勢を占めて、さらに国として余裕がなくなれば、失敗を許容できない社会となり、挑戦がしにくくなります。失敗に不寛容な環境になればなるほど、スタートアップのような、ほとんどが失敗する挑戦がなお一層しにくい環境になり、イノベーションは起きにくくなるでしょう。

日本の財政がさらに逼迫し、挑戦を許容できない風潮になるまで、残された時間はわずかしかないように思えます。

こうした近年の起業環境の改善と、日本という国に残された時間の両面を考えると、おそらくスタートアップする最適なタイミングは「今」です。今であれば、利用できる技術や資源はまだこの国に残されています。逆に言えば、この数年で大きなイノベーションを起こし、急速に成長する事業を立てられなければ、国は衰退し、様々な社会課題が私たち一人ひとりの生活を徐々に苦しめていくはずです。

しかしもし、今始めた誰かのスタートアップがこの数年で大きく成長すれば、それは多くの人々にとって、一つの希望になるはずです。かつて先人たちが築き上げた製造業が日本人の誇りになったように、今を生きる私たちの世代も新しい産業や事業を作り、新たな希望や誇りを築いていく必要があるのではないでしょうか。

■誰かの挑戦で世界はよくなっている

日本国内のみならず、世界には多くの課題が未だ解決されずに残っています。悲観的なニュースはシェアされやすく、多くの人の心に残るため、世界は悲惨な出来事であふれているように感じます。

それでも世界はかつてに比べて圧倒的によくなっています。

たとえば約２００年前の１８２０年、人の寿命は35歳以下であるとされ、94％の人が「絶対的貧困」にありました。

現在、人の寿命は70歳を超え、「絶対的貧困」とされる割合は、世界で９・６％しかいないと言われています。そして先進国に生きる私たちはかつてビリオネアの象徴とされたロックフェラーより、遥かに豊かな生活を送っています。

マット・リドレーの『繁栄――明日を切り拓くための人類10万年史（上・下）』（大田直子、鍛原多恵子、柴田裕之訳、早川書房）では、人類の繁栄は「節約された時間」で測るとよい、としています。かつて人生の時間のほとんどが水汲みや洗濯、食料の確保などで使われていたことを考えれば、今の人類はこれまで以上の余暇と自己実現のための時間を有しています。現代人はかつてない繁栄を謳歌していると言っても過言ではないでしょう。

もちろん、科学の発展に伴う新しい課題として、気候変動やパンデミックの危険性は高まっています。世界的な人口増によるエネルギー不足や食料問題と言った新たな課題も今後出てくるものと思います。

しかし、それでもこの世界は決して悲しいことばかりではなく、先述の通り、着実によい方向に向かっています。そしてそれは、これまで一人ひとりが挑戦を重ねた結果でもたらされたものです。

特にこの100年、科学技術の発展が世界をよくする原動力でした。そして目の前の問題に対し、積み重ねた知識や経験で対処していく人たちがいました。

そうした歴史を振り返ってみれば、私たちはもっと楽観的な合理主義者になっていいはずです。特に昨今衰えつつある科学技術への信頼は、もっとあってもよいのではないでしょうか。そして科学や工学という、人類の知識の蓄積を用いたイノベーションを、もっと皆で推進していってもよいのではないでしょうか。

そうしたある種の合理的な楽観と、未来への信頼に基づく新たな挑戦が、イノベーションの発生を加速すると筆者は信じています。そのためには挑戦をする人たちが必要であり、その挑戦のほとんどが失敗するとしても、彼らを支援する仕組みが必要です。

■より少ない人数で世界は変えられる

かつて機械の発達が人間や動物の肉体的定型労働を減らしてきたように、今後ＡＩやロボティクスの発達が、認知的定型労働を自動化していくことは間違いありません。それらの力をうまく使えば、かつてよりずっと少ない人数で会社を興して、世界に影響を与えられるようになると考えられます。

事実、本書で例に挙げたスタートアップは急速に成長するだけではなく、従来に比べて少ない人数で、しかも多くの価値を生み出してきたという点も特徴的です。

何度も例に挙げたAirbnbは、世界最大のホテルグループで約13万2000人の正社員を抱えるヒルトングループより、多くの貸出部屋数を確保していると言われています。そんなAirbnbの正社員数は、2015年時点で約800人しかいません。また若者を中心に流行しているInstagramは、創業から1年半後の2012年春、約810億円でFacebookに買収されています。そのときの社員は13人でした。

これらは従来のビジネスに比べて圧倒的に少ない人数で大きな価値を生み出している事例です。

これはソフトウェア企業だからできたことだ、と思われるかもしれません。しかし今やハードウェアに関わる企業だろうと、少人数で多くのことを成し遂げられるような環境が生まれています。

旅客機を作るBoomというスタートアップは、社員数がわずか11人の段階にもかかわらず、ヴァージングループから約2240億円に値する契約を取り付けました。自動運転の技術を開発していたCruise Automationというスタートアップは、創業から2年でやはり1130億円を超える金額でゼネラル・モーターズに買収されています。このときの社員数は40人程度と言われています。

今、私たちはかつてないほど一人ひとりが大きな力を持っているとも言えます。そしてその力を利用すれば、少人数だろうと大企業にも劣ることなく、世界を変えるくらいに大きなことを成し遂げられるようになっているのです。

「はじめに」で書きましたが、私たちは短期間かつ少人数で世界に大きなインパクトを与えたサービスや製品に囲まれています。しかもその多くは、創業者が20代や30代のときに作り出したものです。さらに言えば、製品を作りはじめたとき、創業者たちは何者でもない無名の人たちでした。

そうした背景があるからか、海外では、

「彼らにできて、自分たちにできない理由はない」

と言う人にしばしば出会います。

確かに、できる理由はないかもしれません。

でも、できない理由もないはずです。

それはきっと、まだ何者でもない私たちにも言えることではないでしょうか。

『スタンフォード大学――夢をかなえる集中講義』（ティナ・シーリグ著、高遠裕子訳、三ツ松新解説、CCCメディアハウス）
Paul Graham, How to Make Pittsburgh a Startup Hub. http://paulgraham.com/pgh.html

■ **おわりに**

Max Roser and Esteban Ortiz-Ospina, World Poverty. https://ourworldindata.org/world-poverty/
Max Roser, Life Expectancy. https://ourworldindata.org/life-expectancy/
Chelsea German,Americans in 2016 Richer Than John D. Rockefeller in 1916. http://humanprogress.org/blog/americans-in-2016-richer-than-john-d-rockefeller-in-1916
『繁栄――明日を切り拓くための人類10万年史（上・下）』（マット・リドレー著、大田直子、鍛原多惠子、柴田裕之訳、早川書房）
Greg Kumparak, Boom, the startup that wants to build supersonic planes, just signed a massive deal with Virgin. https://techcrunch.com/2016/03/23/boom-the-startup-that-wants-to-build-supersonic-planes-just-signed-a-massive-deal-with-virgin/

THE LEAD RESPONSE MANAGEMENT ORG, THE LEAD RESPONSE MANAGEMENT STUDY OVERVIEW. http://www.leadresponsemanagement.org/lrm_study
David Skok, Managing Customer Success to Reduce Churn. http://www.forentrepreneurs.com/customer-success/
Paul Graham, Do Things That Don't Scale. http://www.paulgraham.com/ds.html

■第4章

『10億ドルを自力で稼いだ人は何を考え、どう行動し、誰と仕事をしているのか』（ジョン・スヴィオクラ、ミッチ・コーエン著、高橋璃子訳、ダイヤモンド社）
『ブラック・スワン――不確実性とリスクの本質（上・下）』（ナシーム・ニコラス・タレブ著、望月衛訳、ダイヤモンド社）
『たまたま――日常に潜む「偶然」を科学する』（レナード・ムロディナウ著、田中三彦訳、ダイヤモンド社）
『アーティストのためのハンドブック――制作につきまとう不安との付き合い方』（デイヴィッド・ベイルズ、テッド・オーランド著、野崎武夫訳、フィルムアート社）
Quantifying the evolution of individual scientific impact. http://science.sciencemag.org/content/354/6312/aaf5239
『ビジネススクールでは学べない世界最先端の経営学』（入山章栄著、日経BP社）
You and Your Research. http://www.cs.virginia.edu/~robins/YouAndYourResearch.html
『ファスト&スロー――あなたの意思はどのように決まるか？（上・下）』（ダニエル・カーネマン著、村井章子訳、早川書房）

■終　章

ピーター・ティール、糸井重里「賛成する人がいない、大切な真実とはなにか。」http://www.1101.com/peter_thiel/2015-04-22.html
『20歳のときに知っておきたかったこと――スタンフォード大学集中講義』（ティナ・シーリグ著、高遠裕子訳、三ツ松新解説、CCCメディアハウス）

『ピクサー流　創造する力』（エド・キャットムル、エイミー・ワラス著、石原薫訳、ダイヤモンド社）
『How Google Works――私たちの働き方とマネジメント』（エリック・シュミット、ジョナサン・ローゼンバーグ、アラン・イーグル著、土方奈美訳、日本経済新聞出版社）
『〔エッセンシャル版〕マイケル・ポーターの競争戦略』（ジョアン・マグレッタ著、マイケル・ポーター協力、櫻井祐子訳、早川書房）

■ **第3章**

Carmen Nobel, Why Companies Fail—and How Their Founders Can Bounce Back. http://hbswk.hbs.edu/item/why-companies-failand-how-their-founders-can-bounce-back
The Top 20 Reasons Startups Fail.https://www.cbinsights.com/blog/startup-failure-reasons-top/
Astro Teller, The Secret to Moonshots? Killing Our Projects. https://backchannel.com/the-secret-to-moonshots-killing-our-projects-49b18dc7f2d6#.n20eh4hj7
Sam Altman , Before You Grow.https://blog.ycombinator.com/before-you-grow/
『Lean Analytics――スタートアップのためのデータ解析と活用法』（アリステア・クロール、ベンジャミン・ヨスコビッツ著、エリック・リース編、角征典訳、オライリージャパン）
Sam Altman, Startup Playbook. http://playbook.samaltman.com/
Michael Seibel, The Scientific Method for Startups. https://blog.ycombinator.com/the-scientific-method-for-startups/
Note Essays—Peter Thiel's CS183: Startup—Stanford, Spring 2012. http://blakemasters.com/peter-thiels-cs183-startup
『HARD THINGS――答えがない難問と困難にきみはどう立ち向かうか』（ベン・ホロウィッツ著、滑川海彦、高橋信夫訳、日経BP社）
『サービスサイエンスによる顧客共創型ITビジネス』（諏訪良武、山本政樹著、翔泳社）
Sam Altman, How to Start a Startup Lecture. http://startupclass.samaltman.com/courses/lec19/

ー・ティール、ブレイク・マスターズ著、関美和訳、NHK出版）
伊藤穰一, 反専門性（Antidisciplinary）. https://joi.ito.com/weblog/2014/10/02/antidisciplinar.html
Brian Uzzi, Satyam Mukherjee, Michael Stringer, Ben Jones, Atypical Combinations and Scientific Impact. http://science.sciencemag.org/content/342/6157/468
Sam Altman, Black Swan Seed Rounds. http://blog.samaltman.com/black-swan-seed-rounds
『テクニウム――テクノロジーはどこへ向かうのか？』（ケヴィン・ケリー著、服部桂訳、みすず書房）
cdixon blog, The Babe Ruth Effect in Venture Capital. http://cdixon.org/2015/06/07/the-babe-ruth-effect-in-venture-capital/
Relentlessly Resourceful. http://www.paulgraham.com/relres.html
Play Bigger. https://www.amazon.co.jp/dp/B010PIF952/
Paul Graham, Relentlessly Resourceful. http://www.paulgraham.com/relres.html

■ **第2章**

『競争の戦略』（マイケル・ポーター著、土岐坤、中辻萬治、服部照夫訳、ダイヤモンド社）
CLAIRE CAIN MILLER, Google Ventures Stresses Science of Deal, Not Art of the Deal. http://www.nytimes.com/2013/06/24/technology/venture-capital-blends-more-data-crunching-into-choice-of-targets.html
Paul Graham, How to Be an Expert in a Changing World. http://www.paulgraham.com/ecw.html
『ブルー・オーシャン戦略――競争のない世界を創造する』（W・チャン・キム、レネ・モボルニュ著、入山章栄、有賀裕子訳、ダイヤモンド社）
『ハーバード・ビジネススクールが教える顧客サービス戦略』（フランセス・フレイ、アン・モリス著、池村千秋訳、日経BP社）
『ORIGINALS――誰もが「人と違うこと」ができる時代』（アダム・グラント著、シェリル・サンドバーグ解説、楠木建監訳、三笠書房）

参考資料

■ はじめに

Edward B. Roberts, Fiona Murray, and J. Daniel Kim, Entrepreneurship and Innovation at MIT Continuing Global Growth and Impact. http://entrepreneurship.mit.edu/wp-content/uploads/MIT-Entrepreneurship-Innovation-Impact-Report-2015.pdf

■ 前　章

Vitaly M. Golomb, Accelerators Are The New Business School. https://techcrunch.com/2015/07/11/accelerators-are-the-new-business-school/

Carl Benedikt Frey, Michael A. Osborne, THE FUTURE OF EMPLOYMENT: HOW SUSCEPTIBLE ARE JOBS TO COMPUTERISATION?. http://www.oxfordmartin.ox.ac.uk/downloads/academic/The_Future_of_Employment.pdf#search=%27The+Future+of+Employment%27

Yalman Onaran, Half a Million Bank Jobs Have Vanished Since 2008 Crisis. https://www.bloomberg.com/news/articles/2015-12-31/half-a-million-bank-jobs-have-vanished-since-2008-crisis-chart

『機械との競争』（エリック・ブリニョルフソン、アンドリュー・マカフィー著、村井章子訳、日経BP社）

■ 第１章

『Yコンビネーター――シリコンバレー最強のスタートアップ養成スクール』（ランダル・ストロス著、滑川海彦、高橋信夫訳、日経BP社）

『ハッカーと画家――コンピュータ時代の創造者たち』（ポール・グレアム著、川合史朗訳、オーム社）

『ゼロ・トゥ・ワン――君はゼロから何を生み出せるか』（ピータ

図表作成・本文ＤＴＰ／市川真樹子

ラクレとは…la clef=フランス語で「鍵」の意味です。
情報が氾濫するいま、時代を読み解き指針を示す
「知識の鍵」を提供します。

中公新書ラクレ
578

逆《ぎゃく》説《せつ》のスタートアップ思《し》考《こう》

2017年3月10日初版
2023年5月30日4版

著者……馬《うま》田《だ》隆明《たかあき》

発行者……安部順一
発行所……中央公論新社
〒100-8152 東京都千代田区大手町1-7-1
電話……販売 03-5299-1730　編集 03-5299-1870
URL https://www.chuko.co.jp/

本文印刷……三晃印刷
カバー印刷……大熊整美堂
製本……小泉製本

Published by CHUOKORON-SHINSHA, INC.
Printed in Japan　ISBN978-4-12-150578-1　C1234

中公新書ラクレ　好評既刊

L465
若者と労働
――「入社」の仕組みから解きほぐす
濱口桂一郎 著

新卒一括採用方式、人間力だのみの就活、ブラック企業、限定正社員、非正規雇用……様々な議論の中でもみくちゃになる若者の労働問題。日本型雇用システムの特殊性とは？　そして、現在発生している軋みの根本原因はどこにあるのか？　日本型雇用の状況だけでなく、欧米の成功例・失敗例を織り交ぜて検証する。労働政策に造詣の深い論客が雇用の「入口」に焦点を当てた決定版。感情論を捨て、ここから議論を始めよう。

L722
増補版　駆け出しマネジャーの成長論
――7つの挑戦課題を「科学」する
中原　淳 著

突然、管理職に抜擢された！　年上の部下、派遣社員、外国人の活用方法がわからない！　飲みニケーションが通用しない！　プレイヤーとしても活躍しなくちゃ！　社会は激変し、一昔前よりマネジメントは格段に難しくなった。困惑するのも無理はない。人材育成研究と膨大な聞き取り調査を基に、社の方針の伝達方法、多様な部下の育成・活用策、他部門との調整・交渉のコツなどを具体的に助言。新任マネジャー必読！　管理職入門の決定版だ。

L781
ゆるい職場
――若者の不安の知られざる理由
古屋星斗 著

「今の職場、〝ゆるい〟んです」「ここにいても、成長できるのか」。そんな不安をこぼす若者たちがいる。2010年代後半から進んだ職場運営法改革により、日本企業の労働環境は「働きやすい」ものへと変わりつつある。しかし一方で、若手社員の離職率はむしろ上がっており、当の若者たちからは、不安の声が聞かれるようになった――。本書では、企業や日本社会が抱えるこの課題と解決策について、データと実例を示しながら解説する。